Eckard Wulfmeyer

BEGEGNUNGEN AUF DEM PFOTEN-PFAD 2

Männer und ihre Hunde

Pfoten-Pfad
Eckard Wulfmeyer
Medemstade 64
21775 Ihlienworth
Mail: info@pfoten-pfad.de
www.pfoten-pfad.de

Alle Fotos, wenn nicht anders gekennzeichnet, von: Eckard Wulfmeyer
Foto Seite 29: Lisa Pannenberg
Foto Seite 45: Sarah Wulfmeyer

Herstellung und Verlag: BoD – Books on Demand, Norderstedt

ISBN: 9 783749 409419

Danke an all die fleißigen Helfer und Unterstützer,
die ihren Beitrag geleistet haben, für dieses Buch.
Reinhold Pannenberg und Angelika Gieck für das Lektorat und Korrektur.
Sarah Wulfmeyer für das Layout und das Titelbild.
Eva, Kirsten, Lisa, Malte, Sylvia und Susanne für das Probelesen.
All den Männern, die uns in den letzten Jahren begegnet sind und diese
Begegnungen auf dem Pfoten-Pfad im Grunde geschrieben haben.

Ihlienworth im März 2019
Eckard Wulfmeyer

Mein Name ist Eckard Wulfmeyer und ich bin Mentalcoach, nicht nur für Menschen mit Hunden. Ein Hundetrainer bin ich nicht, wie gerne angenommen wird, weil ich Ausbildung durch Beziehung ersetze.

Unter den Menschen, die Woche für Woche aus dem ganzen Bundesgebiet zu uns kommen, findet sich ein Querschnitt unserer Gesellschaft. Und damit auch Männer. In den meisten Hundeschulen ist es eher so, dass die Männer eine kleine Minderheit der Teilnehmer stellen. Die Männerquote beträgt 10 bis 15%. Bei uns auf dem Pfoten-Pfad ist das etwas anders, der Anteil der Männer ist höher, er beträgt 32%. In Foren und Treffen von Hundeschulleitungen spricht man immer wieder über die Frage, warum weniger Männer mit ihrem Hund zur Hundeschule gehen. Eine klare, eindeutige Antwort gibt es dazu nicht. Es ist eine Kombination aus vielen Gründen. Einer der wesentlichen Gründe ist sicherlich, dass viele Männer - nicht alle - denken, sie brauchen keine Hilfe. In ihren Augen zeigen sie damit Schwäche. Und da der Unterricht in vielen Hundeschulen von Frauen geführt wird und Männer sich nicht so gerne etwas von Frauen sagen lassen, haben wir einen weiteren Grund. Interessanterweise gibt es ebenso eine Reihe von Frauen, die sich lieber etwas von einem Mann sagen und erklären lassen.

Es gibt noch viele weitere Gründe, warum Männer nicht gerne in Hundeschulen gehen. Beim genauen Lesen findest du einige in diesem Buch.

Warum habe ich dieses Buch geschrieben, in dem es um Männer und ihre Hunde geht? Wenn du dich umschaust, sind die meisten Bücher über Hunde gezielt für Frauen geschrieben. Die Art der Ansprache, die Auswahl der Bilder und vieles mehr weist auf die große hundeschulrelevante Zielgruppe der Frauen hin, speziell Frauen im Alter zwischen 40 und 60. Nur die wenigsten Bücher sind so geschrieben, dass sie sowohl Männer als auch Frauen ansprechen, so wie dieses Buch.

Gibt es ihn wirklich, diesen Unterschied zwischen Männern und Frauen? Nach meiner Erfahrung als Coach gibt es ihn und zwar in der Ansprache. Ich muss Männer anders ansprechen und auf eine andere Art und Weise dazu bringen, mitzumachen, mir zu folgen, damit sie sehen, wie sich die eigenen Veränderungen sofort auf das Verhalten des Hundes auswirken. Dieser Unterschied zwischen Männern und Frauen ist im Grunde genommen ganz einfach zu beschreiben. Stell dir vor, eine Gruppe von Frauen hat einen Ball. Sie stehen zusammen und werfen den Ball in die Höhe. Was werden die Frauen nun zueinander sagen? „Schau mal, ich kann den Ball genau so hoch werfen wie du." Und nun stelle dir die gleiche Situation vor mit einer Gruppe von Männern. Diese Gruppe steht zusammen, und sie hat einen Ball. Sie werfen den Ball in die Höhe. Was werden die Männer in so einer Situation sagen? „Schau mal, ich kann den Ball höher werfen als du." Während Frauen in der Regel gerne nach dem Motto verfahren: wir sind alle toll, wir haben uns alle lieb, wir sind eine tolle Gemeinschaft, wir sind harmonisch, ist es bei Männern eher der Wettbewerb, der vorherrscht: Ich bin besser als du. Ich teste beim Kennenlernen durch gezielte Fragen oder auch Aussagen, ob der Mann auf diesen Wettbewerb reagiert. Meine Erfahrung zeigt bislang, dass die allermeisten Männer darauf sofort anspringen. Dies mache ich mir dann in den kommenden Stunden der Zusammenarbeit zunutze. Der von mir initiierte subtile Wettbewerb spornt den Ehrgeiz an, und ich kann den Mann auf seine eigene spezielle Art und Weise in seiner Entwicklung immer ein Stückchen weiter und weiter bringen. In den meisten Fällen bemerkt er das nicht einmal, sondern freut sich am Ende des Seminares über das Ergebnis. Wie ich bei Frauen vorgehe? Das gehört nicht hierher. Dies ist ein Buch über Männer!

DIALOGE UND TELEFONATE

„... ABER, ICH HATTE SCHON IMMER HUSKYS!"

Vor wenigen Wochen habe ich meinen 50. Geburtstag gefeiert. Wobei „gefeiert" nicht das richtige Wort ist - „verbracht" wäre treffender, denn ich mag keine Geburtstage, weder meine noch die von anderen. Und schon vor Jahren habe ich mir geschworen, dass mich nach meiner Brenda nur noch ein großer Hund ein Stück auf meinem Lebensweg begleiten wird. Danach werden mich nur noch kleine Hunde begleiten. Mir ist bewusst, dass meine körperliche Verfassung mit fortschreitendem Alter nicht besser wird, meine körperlichen Kräfte und meine Willensstärke nur geringer, meine Reaktionsfähigkeit langsamer, meine Beweglichkeit, körperlich und geistig, eingeschränkter sein wird. Und ich weiß, dass man einen kleinen Hund im Zweifel oder auch zur Not einfach mal durch Stehenbleiben und das Festhalten der Leine kontrollieren kann, wenn es mir gerade an diesen Fähigkeiten mangelt. Mit einem großen Hund geht das nicht.

Es klingelt

„Hallo, hier ist Eckard vom Pfoten-Pfad."

„Hallo, hier ist Johann!" An der Stimme kann man hören, dass es sich um einen älteren Menschen handelt.

„Hallo Johann, was kann ich für dich tun?"

„Ich habe einen Husky, ich hatte schon immer Huskys, das ist jetzt der fünfte."

„Das ist schön, ich mag Huskys. Ich fahre öfters auf einem Wagen mit, der von einem Husky-Gespann gezogen wird."

kurze Pause

„Mein Husky zieht auch."

„Wenn sie ein Geschirr anhaben, dann sollen sie das ja auch tun, Johann, aber ich nehme an, du meinst, dass dein Husky an der Leine zieht?"

kurze Pause

„Ich habe die gerettet."

„Aus Südeuropa?"

„Nein, aus einem Nachbarort, aus einer Familie heraus. Die hatten Kinder."

kurze Pause

„Was ist daran schlimm?"

„Da kam der Hund immer nur in den Garten!"

„Das ist nicht schön, ich hoffe, das ist jetzt anders - aber wie kann ich dir helfen?"

„Ich bin mit dem Hund schon dreimal gefallen!"

„Du meinst also, dass dein Hund sehr an der Leine zieht, und du möchtest, dass er das in Zukunft nicht mehr macht?"

„Wir gehen jeden Tag zweimal eine halbe Stunde."

„Wie alt oder wie jung ist denn der Hund?"

„Der ist jetzt ein Jahr und vier Monate."

„Fährst du auch mal mit dem Fahrrad?"

„Ich bin 75, ich kann kein Fahrrad mehr fahren."

„Das heißt also, dass der Auslauf des Hundes im Moment sich darauf beschränkt, dass du zweimal am Tag mit ihm an der Leine spazieren gehst?"

kurze Pause

„Mir tut der Arm davon schon weh und die Schulter."

„Du hast einen jungen Hund, der noch viel laufen will. Kannst du ihn nicht mal von der Leine lassen?"

„Nein, dann ist er sofort weg."

„Hast du denn einen Garten?"

„Ja, den habe ich eingezäunt mit einem Stromzaun, weil sonst der Hund ja weg ist."

„Das heißt also, dass dein Hund im Moment auch den Tag über im Garten verbringen kann?"

„Nein, der Stromzaun funktioniert nicht. Der Husky hat herausgefunden, wie man die Drähte von dem Zaun entfernt, so dass da kein Strom mehr drauf ist."

„Im Moment ist es also so, dass dein Hund nur zweimal am Tag für ungefähr 30 Minuten mit dir an der Leine aus dem Haus kommt?"

„Ja, mehr geht nicht, weil ich ja auch schon dreimal gefallen bin. Wegen des Hundes. Weil der so zieht."

„Du hast ihn also gerettet, aus einer Familie, mit vielen Kindern, wo er keinen Auslauf hat?"

„Ja, das war ja kein Zustand mit den vielen Kindern. Und der kam da ja nur in den Garten. Stundenlang."

„Und, Johann, du meinst, er hat es jetzt besser?"

„Ja, ich hatte schon immer Huskys, ich weiß wie man damit umgeht."

„Wenn du weißt, wie man damit umgeht, warum zieht dann dein Husky an der Leine?"

„Ich hatte schon fünf Huskys, die haben alle nicht an der Leine gezogen."

„Da warst du aber auch noch 30 Jahre jünger, Johann!"

„30 Jahre? So alt ist bei mir noch kein Hund geworden, so alt wird kein Husky."

„Nein, natürlich nicht. Ich meinte, du warst damals 45 und nicht wie jetzt 75. Und das ist schon ein Unterschied, wenn ich das mal so bemerken darf, auch wenn ich dich persönlich jetzt nicht sehe oder kennengelernt habe."

„Meine Huskys haben nie an der Leine gezogen; dies ist der erste."

„Lieber Johann, du hast dort einen jungen Hund. Junge Hunde wollen sich viel bewegen, gerade so lauffreudige Hunde wie die nordischen Schlittenhunde. Ich bin mir ziemlich sicher, wage eine Ferndiagnose und behaupte, dein Husky hat zu wenig Bewegung. Deswegen zieht er an der Leine. Er weiß nicht, wohin mit seiner Bewegungsenergie. Für ihn ist das alles ein Versprechen auf Bewegung. Jedes vorbeifliegende Blatt, jeder andere Hund, jede Katze, jeder Fahrradfahrer, jeder Geruch, und vieles mehr, das alles sind für ihn Versprechen auf Bewegung."

„Das kann nicht sein, ich hatte fünf Huskys in meinem Leben, die anderen brauchten auch nicht mehr Bewegung. Die lagen alle immer nur vor dem Ofen oder auf dem Sofa. Bei mir haben die es immer sehr gut, die Hunde. Denn ich liebe meine Hunde!"

„Zu wenig Bewegung und vor dem Ofen herum zu liegen ist nicht unbedingt die artgerechte Haltung für einen Husky."

„Der könnte sich ja mehr bewegen, wenn der nicht immer den Stromzaun kaputt machen würde."

„Wie wäre es denn, wenn du ihm dann erklären würdest, dass er das Grundstück nicht verlassen darf?"

„Das kann man einem Hund nicht beibringen, das können die nicht."

„Meine Huskys können das und tun das auch, lieber Johann. Und ich bin mir ziemlich sicher, dass dir niemand auf dieser Welt weiterhelfen kann, wenn du nicht dafür sorgst, dass dein Husky mehr Bewegung bekommt. Denn im Moment befindest du dich in einem Teufelskreis. Aus diesem Teufelskreis musst du ausbrechen. Zu wenig Bewegung lässt zu viel Energie in deinem Hund zurück. Und diese Energie muss irgendwohin. Diese Energie entlädt sich dann z.B. durch das Ziehen an der Leine oder auch daran, dass er von dir weglaufen und dein Grundstück verlassen will, um endlich zu rennen."

„Wenn der vernünftig an der Leine gehen würde, dann würde ich ja auch mehr mit dem gehen."

„Ich sage ja, Johann, ein Teufelskreis!"

„Das ist doch Quatsch, was du mir da erzählst, da rufe ich dann besser nochmal jemand anderen an, der mehr Ahnung von diesen Hunden hat."

„Ja, mach das. Und knuddel deinen Husky von mir. Ein solches Leben hat er nämlich nicht verdient."

Wie soll man in einem solchen Fall helfen? Hier gibt es so viele Grenzen physischer Natur, dass diese alleine schon reichen, keine Möglichkeit der Hilfe zu haben. Solche Telefonate lassen mich dann auch ein Stück weit ratlos zurück.

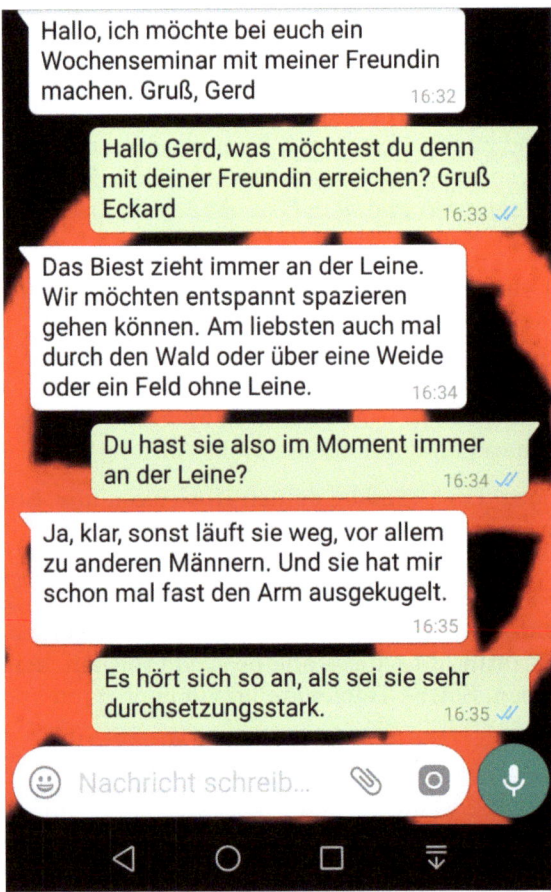

Fortsetzung:

Ich hatte ja schon mehrere. Aber so eine hatte ich noch nie. Was haltet ihr von Trainer XY?

Nichts, außer Abstand.

Ihr seid meine letzte Hoffnung! Sonst muss ich mich von ihr trennen. Aber ich hänge doch so an ihr. Ich habe sie aus Rumänien gerettet. Und so viel für sie bezahlt. Da erwarte ich etwas mehr Dankbarkeit.

Wie lange seid ihr denn schon zusammen?

Anderthalb Jahre. Und sie wird immer selbstständiger!

Wie zeigt sich das?

Im Haus ist sie ganz brav. Da macht sie alles, was ich sage. Zu Hause klappt alles.

Und draußen?

Letztens war sie nur kurz alleine im Garten. Da ist sie gleich abgehauen. Ein Mann mit Fahrrad fuhr vorbei. Da ist sie gleich hinterher. Ich hoffe, das gibt kein Nachspiel. Ich binde sie seitdem an. Aber das ist ja auch keine Lösung.

Stimmt, das ist keine Lösung. Und womöglich gesetzlich verboten. Wenn schon nicht nach dem Tierschutz, dann aber wohl wegen Freiheitsberaubung.

Ja, sie findet das auch nicht so toll, jault die ganze Zeit rum, aber was soll ich denn machen? Habt ihr Erfahrungen mit solchen Mädels?

Ehrlich gesagt, binde ich meine Frau nicht im Garten an. Sie rennt auch nicht anderen Männern auf Fahrrädern hinterher.

Was???

Solltest du statt deiner Freundin deinen Hund meinen, dann können wir dir weiterhelfen.

Oh Mann, was habe ich nur geschrieben... :-D

Wenn du mal mit mir chatten möchtest: eckard@pfoten-pfad.de

Ein Mann sagte voller Stolz zu seinem Hund, während ihm ein anderer Hund entgegenkam: „Schau mal, das ist ein Riesenschnauzer; dein Vorgänger hat die reihenweise gekillt!"

Er sagte auch folgenden Satz zu mir: „Mäxchen hört eigentlich total gut und läuft nicht weg! Aber von der Leine lasse ich ihn nicht, sonst kommt er nicht wieder."

Ein Mann, den ich zufällig in der Nähe von Rothenburg ob der Tauber traf, beschwerte sich ausgiebig über seine Schulterschmerzen, die ihm sein Hund durch das Ziehen an der Leine verursachte. Ich riet ihm, seinem Hund doch zu erklären, nicht mehr an der Leine zu ziehen. Er meinte dazu lapidar: „Mein Hund ist erst 68 Monate alt; der hat noch Zeit, der lernt das noch."

In einem Telefonat berichtete mir Martin von den Defiziten seines Hundes. Dabei sei er doch korrekt und vollständig ausgestattet - also Martin und nicht der Hund. Er, also der voll ausgestattete Martin, sprudelte mir dann eine Liste seines Hundezubehör-Inventars herunter: Diverse Jacken und Westen, je nach Hundesportart, die gerade auf dem Stundenplan steht, Leinen fürs Ausgehen, Leinen für Hundebesuche, Leinen für die HuTa, Leine für den Mama- und Papabesuch, Geschirre für das Fahrrad, Geschirre für das Trailen im Sommer, Geschirre für das Trailen bei Regen, Geschirre für das Trailen bei Kälte, Pfotenschuhe, passend zum jeweiligen Geschirr fürs Trailen, Geschirre für Hunde-Tobe-Runden, verschiedene Zergelspielzeuge, angepasst an die jeweilige Stimmung des Hundes, verschiedene Dummys, die je nach Tageszeit unterschiedlich gefüllt oder bestrichen werden, diverse Mäntelchen, farblich passend zu den Halsbändern und: „Ach und drei verschiedene Leckerlibeutel. Einen für „Komm" und einen für „Sitz" und einen zum Trösten, wenn es so aufregend ist."

Was will der Hund denn noch mehr?

UNTERWEGS AUF DEM RASTHOF

Ich stehe mit meinem Auto während einer längeren Autofahrt auf einem Rastplatz. Die Heckklappe meines Fahrzeugs ist geöffnet. Ich sitze auf der Kante der Stoßstange, halte in meiner linken Hand eine große Portion Pommes, da ich auch gleichzeitig Mittagspause mache. Ich esse so gerne Pommes, dass man mich damit sogar bestechen kann. Links und rechts von mir sitzen meine Hunde Brenda und Wolke. Wir schauen den Autos zu, die an uns vorbeifahren. Manche kommen gerade erst auf den Rastplatz gefahren, andere verlassen ihn, um ihren Weg auf der Autobahn fortzusetzen. Hin und wieder gehen noch Menschen an uns vorbei. Wenn einer dieser vorbeigehenden Leute zu uns schaut, dann nur, um meine Hunde anzulächeln - ich werde dabei gerne übersehen, sehe wohl nicht so niedlich aus. Und da ich solche Menschen liebend gerne grüße, werde ich mit einem entsprechenden gedrückt zischenden Gruß zurückgegrüßt. Da ich zuvor mit Brenda und Wolke bereits eine kleine Runde über den Rasthof gedreht hatte, haben sie ihre Blasen entleert und liegen nun relaxt neben mir. Brenda ist nicht ganz so entspannt, erhofft sie sich doch immer, dass auch sie mal ein Stück Pommes abbekommt. Und in der Regel ist es auch so, dass ich in solchen Momenten die letzten Krümel, ihr wisst schon: die kleinen harten, die am Ende immer noch übrig sind, an meine Hunde verteile. Vorsichtig nehmen sie mir dann die kleinen Stückchen aus den Fingern.

Genauso vorsichtig parkte zwei Parkbuchten weiter ein Auto ein. Kaum dass der Wagen stand, stieg aus der Fahrertür ein Mann: nicht mehr viele Jahre bis zur Rente, kräftiger Bauchansatz, handtellergroße kahle Stelle auf dem Hinterkopf mit weißgrauen Haaren, die wie ein Kranz um seinen Kopf verliefen und einer Brille auf der Nase. Er ging zügig zur Heckklappe seines Fahrzeuges, er hatte einen Kombi, genau wie ich. Schnell öffnete er die Heckklappe, und erst da sah ich, dass auf dem Rücksitz des Kombis eine Frau saß. Sie streckte ihre Arme in den Kofferraum und hielt dort einen Hund fest. Man konnte die Übung und die Routine, die sich nun abspielte, förmlich sehen. Der Mann griff in den Kofferraum, nahm die Leine, um sich sofort mit einer halben Körperdrehung vom Kofferraum wegzubewegen. Mit einem großen Satz sprang aus dem Kofferraum ein offensichtlich noch junger Berner Sennenhund. Und dieser junge und mit Sicherheit für sein Alter 5 kg zu schwere Hund zog sogleich in Richtung meines Fahrzeuges. Nun sah der hinter dem Hund hergezogene Mann auch mich und meine Hunde. Sofort begann ein Redeschwall, während sein Hund ihn an mir und meinen Hunden an meinem Wagen vorbeizog. „Der ist erst 10 Monate alt. Noch ein ganz Junger. Aber ein ganz Aufgeweckter. Clever ist der. Der weiß schon genau, wo er hin will. Und fressen kann der. Das wird mal ein richtig Kräftiger. Ein Deckrüde.

Tolle Papiere hat er. Und in zwei Monaten können wir auch endlich in die Hundeschule. Mit dieser Rasse kann man vorher nicht in eine Hundeschule. Die lernen vorher nichts. Die müssen erst ein Jahr alt sein. Dann kannst du mit ihnen arbeiten." Nun drehte der Mann wieder um, um wieder an mir und meinen Hunden vorbeizugehen in Richtung seines Fahrzeuges. Dabei redete er unentwegt weiter. „Ein schönes zotteliges Fell hat er, und wir schonen ihn, so wie wir das tun sollen. Der soll ja nichts mit der Hüfte kriegen, nachher kann er nicht mehr, sie wissen schon... Der Hüftschwung und so... Nachher hat er was an der Wirbelsäule. Wir halten uns jetzt genau daran. Jeden Tag darf er nur 50 Minuten raus. 10 mal 5 Minuten. Unter Aufsicht. Natürlich nur in den Garten. Da kann er dann ein bisschen herumtoben, aber nicht zu viel, der will auch gar nicht. Aber in zwei Monaten können wir endlich mit ihm in die Hundeschule!" Der Mann wurde weiter von seinem Hund in Richtung des Autos gezogen. Am Auto angekommen blieb der Hund stehen, der Mann bückte sich und hob diesen bestimmt schon an die 30 kg schweren Rüden in den Kofferraum. Man sah ihm an, wie beschwerlich das für ihn war, war er doch nicht mehr der Jüngste. Und ich bin mir sicher, dass er davon Rückenschmerzen hatte. Sein Gesichtsausdruck verriet es. Aber was tut man nicht alles für einen stattlichen Deckrüden. Und wieder hatte ich etwas gelernt: Es gibt eine Hunderasse, mit der kann man erst mit 12 Monaten in die Hundeschule, vorher lernt sie nichts. Ob der Hund das auch weiß?

„MEIN HUND UND ICH HABEN EINE SUPER-BINDUNG"

„Bedingungslose" Liebe funktioniert nicht, kann leider nicht funktionieren. Wenn ich keine Grenzen aufzeige, keine Regeln im Umgang mit anderen einführe, artet es in Chaos, Erniedrigung und Verletzung aus. Liebe bedeutet gegenseitigen Respekt. Gerade wenn ich jemanden liebe, setze ich bewusst Grenzen, weil mir die Entwicklung und moralische Festigung am Herzen liegt! Man kann nicht vom Prototypen des braven Hundes ausgehen. Das ist eher die seltene Ausnahme von der Regel. Und wenn dann noch Dritte als leidtragende Personen oder Hunde involviert werden, ist sowieso der Ofen aus, bei allem Verständnis. Ein zivilisiertes Miteinander setzt Regeln voraus, an die sich auch Hunde herantasten und halten müssen. Das hat nichts mit „Gewalt, Zucht oder Strafe" zu tun.

Liebe und Zwang passen schon zusammen. Wenn ich meinen Hund laufen lasse, wird er sich nicht nur den Kopf stoßen. Es werden auch seine Seele, sein Selbstbewusstsein und sein Selbstwertgefühl verletzt,

weil er dann keine Grenzen kennt und akzeptiert und irgendwann niemand mehr Kontakt mit ihm haben will. Zwang mit Liebe wird er lächelnd hinnehmen oder auch mal bockig reagieren. Aber er will und wird lernen.

„Mein Hund und ich haben eine super Bindung. Er passt immer auf, wo ich bin." Das waren die ersten Worte, die ich von Jeremy aus dem Ruhrgebiet hörte. Er machte sich auf den weiten Weg zu unserem Wochenseminar mit seinem fast schon weißen Golden Retriever Max. Zuvor hatte er in seiner Region schon einige Hundeschulen besucht. Ich konnte also davon ausgehen, dass Max die einfachen Grundkommandos kannte und beherrschte.

„Das ist ja wunderbar", antwortete ich, „dann ist doch alles in Ordnung."

„Ja", so antwortete er, „er ist wirklich ein problemloser Fall. Er macht es mir einfach und macht mir viel Freude."

„Das ist doch gut, dann können wir die nächsten Stunden ja damit verbringen, Kaffee zu trinken und ein bisschen über unsere Hunde zu reden."

„Ja schon, das können wir auch."

„Und was kann ich noch tun?"

„Es ist manchmal ein bisschen schwierig, wenn er andere Hunde sieht."

„Was ist daran schwierig?"

„Er will immer unbedingt zu den anderen Hunden hin, mit denen spielen."

„Wie sieht das denn aus, wenn Max zu denen hin will?"

„Max zieht dann immer ganz kräftig zu denen hin."

„Dann können wir mal schauen, ob wir die Ursache finden, warum er an der Leine zieht."

„Das hoffe ich", antwortete er mir.

Während wir sprachen ließ er seinen Max kaum aus den Augen. Er schaute im Gespräch nur Bruchteile von Sekunden zu mir. Ich konnte an seiner Mimik fast schon erkennen, was Max gerade tat. Und das war auch in diesem Moment so. Ich konnte an seinem Gesicht sehen, dass Max gerade seinen Rücken zu einem Bogen spannte, die hinteren Pfoten also ziemlich dicht an die vorderen Pfoten gestellt hatte und ein Häufchen machte. „Ich mache das gleich weg", sagte er mir in schon fast vorauseilendem Gehorsam. Dabei zog er eine Plastiktüte heraus, in dem er wohl die Hinterlassenschaften seines Hundes aufsammeln wollte. Ich verwies ihn auf unseren großen Sammler, den wir angeschafft haben, um den Müll zu reduzieren und um die biologischen Hinterlassenschaften der Hunde, die uns jeden Tag besuchen, entsprechend recyceln zu können: Der Hundekot wird in einer Biogasanlage zu Strom. Jeremy ging über den Platz und sammelte den hellbraunen Kot von Max ein. Dann kam er wieder zu mir und setzte sich. Ich fragte nach, was es mit dem Ziehen an der Leine auf sich habe.

„Ich habe schon so viel probiert, mit Umdrehen, mit Stehenbleiben, mit Zischen, was einigermaßen funktioniert, das ist, wenn ich ein Leckerchen neben mich halte und er dem Leckerchen folgt. Aber auch nur solange, wie für ihn das Leckerchen interessanter ist. In einer der vorigen Hundeschulen hat man mir gesagt, dann müsste ich den Hund mehr hungern lassen, damit er sich sein Futter erarbeitet. Aber ich kann doch Max nicht hungern lassen. Der frisst doch so gerne!"

„Das halte ich auch für keine gute Idee. Ich bin mir auch nicht ganz sicher, ob das nicht sogar tierschutzrelevant ist."

„Das war auch doof."

„Und was macht Max, wenn er dann bei den anderen Hunden ist?"

„Der spielt mit denen."

„Wie spielt er mit denen?"

„Er ist ein großer Raufer. Und er will immer oben sein. Das wollen die anderen Leute natürlich nicht. Die haben immer Angst um ihre Hunde."

„Haben die diese Angst nicht womöglich zu Recht?"

„Mein Max tut nichts. Der hat noch nie einem Hund etwas getan."

„Und was machen die anderen Hundehalter, wenn sie sehen, dass Max mit ihren Hunden so rauft?"

„Die wollen die dann immer auseinander bringen. Ich verstehe das gar nicht. Die spielen doch so schön miteinander. Da ist noch nie auch nur ein Hundehaar durch die Luft geflogen."

„Rufst du dann Max aus der Situation zurück?"

„Nein, das tue ich nicht. Ich soll ihn doch nur dann rufen, wenn ich mir sicher bin, dass er auch kommt. Ich rufe ihn auch nicht, wenn wir im Wald sind und er mal wieder ein Reh oder einen Hasen auf dem Feld entdeckt hat. Dann kommt er nämlich auch nicht."

„So? Dein Hund geht also jagen?"

„Ja, das tut er. Deswegen lasse ich ihn noch immer nicht von der Leine. Nur mit Schleppleine. Manchmal läuft er sogar mittendrin auf eine Weide, und fängt an zu buddeln."

„Und was machst du dann?"

„Ich gehe dann hin, aber er springt dann immer vor mir weg, weil er buddeln will. Das macht er so gerne. Meistens dann, wenn kein anderer Hund in der Nähe zum Raufen ist."

„Ich kann mir gut vorstellen, dass der Landwirt das nicht so toll findet. Und dann wartest du so lange auf ihn, bis er von sich aus zu dir kommt?"

„Ja, meistens rauche ich dann eine Zigarette oder ich schaue ein bisschen, was es Neues bei Facebook gibt."

„Das heißt also, dass er schon mal etwas länger irgendwo buddelt oder jagt?"

„Ja, das kann schon mal eine Stunde oder länger dauern. Wenn wir in einer Gegend sind, von der ich weiß, dass er sich auskennt, dann gehe ich auch nach Hause. Ich weiß ja, dass er irgendwann wiederkommt. Er weiß ja, wo ich wohne. Schließlich haben wir eine ganz tolle Bindung, wir beide."

„Und wie geht es dir dabei, wenn Max jagen geht, buddeln geht, mit den anderen Hunden rauft?"

„Ich warte dann halt, bis er fertig ist."

„Dein Hund geht jagen, wenn ihm danach ist, er geht buddeln, wenn ihm danach ist, er rauft mit anderen Hunden, wie er es will. Was du davon hältst, ist ihm offensichtlich egal. Du machst ihn von der Leine in einem Wald nicht ab, weil du tief in dir drin Angst hast, dass er wegläuft? Und du nennst das eine super Bindung? Ich nenne das anders: Dein Hund findet dich scheiße, so nenne ich das. Es ist ihm egal, was du tust. Du bist ihm egal, solange du seinen Plänen und seinen Vorstellungen vom Leben nicht in die Quere kommst. Du richtest dein Leben nach ihm aus, aber nicht umgekehrt. Du hast dein Leben ihm angepasst. Aber er passt sich dir in keinster Weise an. Und nun lass mich mal raten. Deinen Max lässt du auch nicht von der Leine, weil du Angst hast, dass er Giftköder frisst. Der frisst alles Mögliche vom Boden, nicht wahr?"

Ich bekam ein langgezogenes „ja" zur Antwort. Dabei drehte er seinen Kopf nach links, sodass sein Blick jetzt durch den blauen, leicht bewölkten Himmel schweifte. Jeremy lächelte dabei leicht verlegen. Dann drehte er seinen Kopf zurück zu mir, schaute mich an, und fragte mich:

„Meinst du wirklich, dass der mich scheiße findet? Ich tue doch alles für ihn, was er braucht."

„Solange du das tust, was er möchte, wird er dich sicherlich mögen. Dann bist du sein Kumpel. Aber sobald er etwas anderes möchte, als du, findet er dich scheiße. Dann bist du der Spielverderber, die Nervensäge und so weiter."

„Aber im Haus, da läuft er überall hinter mir her."

„Ja und?"

„Das würde er doch nicht tun, wenn er mich so doof findet."

„Zu Hause, da ist nichts los aus seiner Sicht. Da kennt er jeden Quadratzentimeter. Und wenn du durch die Wohnung gehst, dann bist du so eine Art Versprechen auf Entertainment. Er sieht dich in dem Moment als eine Art Clown oder Animateur. Aber nicht als jemanden, den man respektiert, dem man vertraut und dem er auch zutraut, ihn sicher durchs Leben zu führen."

„Meinst du echt?"

„Ja, es ist offensichtlich, wie du hier die ganze Zeit sitzt und darüber nachdenkst, was er wohl jetzt gleich wieder will. Du versuchst schon in einer Art vorauseilenden Gehorsams zu erahnen, welches Bedürfnis er gleich befriedigt bekommen möchte. Etwas trinken? Etwas fressen? Markieren? Spielen? Aber nicht ein einziges Mal hat er sich für dich interessiert. Du kamst, während wir hier sitzen, in seiner Gedankenwelt noch nicht ein einziges Mal vor, während Max in deinen Gedanken eine übermächtige Präsenz hat. In deinen Erzählungen von euren gemeinsamen Unternehmungen dreht sich immer alles um ihn, aber nicht um dich. Es interessiert ihn nicht die Bohne, wie du dich dabei fühlst, wenn er mal wieder eine Stunde unterwegs ist und du nicht weißt, wo er ist. Und du selber hast angefangen, dir diese Situationen schönzureden. Du hast dich mit den Situationen im Zusammenhang mit den anderen Hunden arrangiert: Da sind die anderen Hundehalter schuld. Wenn Max buddeln geht und nicht kommen will, dann redest du dir das schön damit, dass du inzwischen bei Facebook nach deinen Nachrichten schaust und so weiter. Du hast für alles Erklärungen und Entschuldigungen."

Ja, ich weiß, das waren deutliche Worte. Ich weiß auch, dass sie Jeremy getroffen haben. Ich wusste aber auch, dass ich Jeremy in den nächsten Tagen helfen würde, die übermäßige Präsenz von Max in seinen Gedanken und in seinem Leben so weit zu reduzieren, dass er anfangen konnte, auch über Jeremy nachzudenken. Und damit diese Veränderung im Kopf von Jeremy stattfindet, habe ich ihm erklärt, wie das ein Außenstehender sieht, jemand, der nicht emotional in der Situation mit Max involviert ist. Ich habe ihm praktisch eine andere Sicht der Dinge vermittelt. Denn gemessen wird auch die Bindung zwischen Jeremy und Max an dem, was ist, an den Ergebnissen, und nicht an dem, was man sich davon verspricht. Die Ergebnisse aus der Bindung zwischen Jeremy und Max waren für Jeremy eher bescheiden, während Max ein riesiges Stück von dem Ergebniskuchen für sich beanspruchte.

Für die nächsten Tage ging es nun für Jeremy darum, sich so weit durchzusetzen, dass er sich einiges von diesem Ergebniskuchen und somit einen Teil seines Lebens zurückholte. Dies gelang darüber, dass er sich den Respekt von Max sicherte, dass er sich als jemand darstellte, dessen Bedürfnisse innerhalb der Beziehung zwischen ihm und Max auch eine Bedeutung bekommen.

Viele Menschen können sich nur schwer vorstellen, dass veränderte Gedanken etwas bewirken. Aber unser Gehirn unterscheidet nicht zwischen dem, was ist und dem, was es sich vorstellt. Die Kraft der Gedanken wirkt sich auf das Tun aus. Ändere ich meine Gedanken, ändere ich die Wirkung nach außen, z.B. die Wirkung auf den Hund. Alles, was ich tun kann, ist Anstöße zu geben. Den Veränderungsprozess in den Gedankenmustern muss jeder Mensch selbst vollziehen.

Jeremy war im Grunde ein sehr einfacher Fall für mich, schon eher etwas wie Routine. Daher war es leicht, ihm nicht nur einen anderen Blickwinkel auf die Beziehung zwischen ihm und Max zu zeigen, sondern auch die bisherigen Gedankenmuster und Glaubenssätze zu verändern.

Als erstes begann ich jedes Mal, wenn er sich wieder um die Befriedigung der Bedürfnisse seines Max Gedanken machte, ihn darauf hinzuweisen, dass es wieder um Max ging und nicht um beide, Jeremy und Max.

Der nächste Schritt war, dass ich Jeremy trainierte, auf sich zu achten und nicht mehr nur auf Max, sodass ich auch hier sein Denken veränderte: Weg von einem „Was möchte Max" hin zu einem „Was tut uns gut?".

Der nächste Schritt war dann, dass Max lernen musste (genauso wie wir alle, als wir kleine Kinder waren), die eigenen Egoismen zum Wohle aller hintenan zu stellen. Das nennt man soziales Zusammenleben. Jeremy lernte, „Nein" zu sagen, „Nein" zu sagen gegenüber Max, „Nein" zu sagen gegenüber seiner Umwelt. Er verbesserte sein Durchsetzungsvermögen.

Diese Maßnahmen reichten, um die Beziehung zwischen ihm und Max zu verändern. Sie erreichten, dass er selbst die Beziehung und die Bindung zwischen ihm und Max anders betrachtete. Dadurch veränderte sich natürlich das Verhalten von Max. Denn jede Veränderung des Menschen führt zu einer Veränderung des Hundes. Und jede Veränderung am Hund führt zu einer Veränderung am Menschen. Nach fünf Tagen kam Max beim Rückruf zwar nicht perfekt, er ist schließlich kein Roboter, aber viel schneller als zu Beginn. Jeremy konnte mit Max ohne Leine laufen. Buddeln ging Max nicht mehr. Und er aß auch nichts mehr vom Boden, zumindest nicht vor Jeremys Augen.

Und wie ging es Max in der ganzen Situation? Er war ruhiger und anhänglicher als je zuvor, wie Jeremy selber meinte. Selbst beim Raufen mit anderen Hunden wurde er vorsichtiger. Ich musste dabei an ein Zitat denken, das ich vor kurzem gelesen hatte:

Gib mir nicht, was ich mir wünsche, sondern was ich brauche.
- Antoine de Saint-Exupéry

UNTERWEGS IM MOOR

Es ist Mitte Mai, ein sonniger Nachmittag in der Woche. Ich bin mit meinen Hunden Brenda und Wolke unterwegs in einem Naturschutzgebiet. Dieses Naturschutzgebiet umfasst einen See mit einem befestigten Rundweg, der zu schönen Spaziergängen einlädt. Die Landschaft ist von einem alten Moor geprägt. Dort stehen nur wenige Bäume. Die Hälfte davon ist abgestorben, es ragen nur noch die Baumstämme in die Höhe, ohne Baumkrone oder Äste. Sie ragen wie erhobene Zeigefinger aus dem morastigen Boden. Die höchsten Erhebungen sind neben den wenigen Bäumen der eine oder andere Beobachtungsturm für die Naturinteressierten und Vogelliebhaber, denn Vögel gibt es hier in der Brutsaison reichlich. Man sieht zu dieser Zeit vom Kiebitz bis zum Kranich viele Dutzend verschiedener Vogelarten. Überall hört man das Zwitschern und Trällern der Vögel, Balzlaute, Warnlaute und Ablenkungspfeifen. Und alle, Mensch und Tier, freuen sich über die Sonne, die nach einigen Regentagen zum ersten Mal wieder ihre kraftvolle Wärme ausstrahlt.

Aufgrund der flachen Ebene und der wenigen Bäume in dieser moorigen Landschaft kann man hier weit schauen. Weit entfernt, fast noch auf der anderen Seite des Sees, sah ich eine Reiterin auf einem Pferd. In vielen Naturschutzgebieten im Cuxland ist das Reiten nicht erlaubt, an diesem See hingegen schon. Ich sah, wie sie auf einem hellen Pferd in kräftigem Trab den Weg entlang ritt. Ich ging weiter den Weg entlang mit meinen Hunden, hörte den Vögeln zu, genoss die Sonnenstrahlen, wie sie meine Haut berührten und erwärmten. Eine leichte Bewegung ging durch die Luft, nur ganz schwach regte sich die warme, klare Luft.

In einiger Entfernung konnte ich einen Hund hören, der bellte. Sehen konnte ich ihn noch nicht, denn in der Richtung, aus der dieses Bellen kam, standen einige Büsche in vollem, saftigem Grün. Dem Bellen nach musste es sich um einen größeren Hund handeln, denn es hörte sich sehr dunkel und sehr voluminös an. Ich war gespannt, was es wohl für ein Hund sein würde, der in ungefähr 200 m Entfernung sicherlich gleich zu sehen wäre, wenn er dort um die Büsche kam und ich freie Sicht hatte.

Es vergingen nur wenige Sekunden, bis ich den Hund sah. Es war ein großer, braun-weißer Herdenschutzhund. Und ich konnte sehen, dass dieser Hund zwei Männer mit sich führte, alle drei stattliche und schön anzusehende Exemplare ihrer Gattung. Er hatte die beiden Männer offensichtlich an der Leine, und nur widerwillig wollten diese ihm folgen. Man konnte den Missmut der beiden Männer schon auf diese Distanz regelrecht sehen, aufgrund ihrer Körperhaltung, wie sie bei jedem Schritt versuchten, Halt zu finden. Das störte den Hund aber wenig bis gar nicht. Er ging seinen Weg sehr zielstrebig und durchsetzungsstark. Er wusste, was er und wohin er wollte. Er verfügte offensichtlich über gute Führungsqualitäten. Und so führte er die beiden Männer den Weg entlang, um ihnen zu zeigen, wie man anständig geradeaus geht. Sie kamen uns immer näher. Der Hund hatte als Ziel mich mit Brenda und Wolke ausgemacht. Er zog seine Menschen mehr und mehr in meine Richtung. Es waren bestimmt keine 50 m mehr zwischen uns und dem Herdenschutzhund mit seinem Gefolge. Dann stoppte er. Er drehte seinen Kopf nach hinten, denn von dort sah er die Frau auf dem Pferd heran traben. Und so, wie der Blick des Hundes nach hinten ging, wandten sich auch die beiden Männer ganz brav nach hinten, um zu schauen, was ihr Führerhund im Fellkleid wohl Wichtiges entdeckt habe. So sahen auch sie die Reiterin mit dem Pferd heran traben. Sofort, und man konnte ihnen ansehen, dass sie diesen Ablauf in mühevoller und stundenlanger Arbeit, mit unzähligen Wiederholungen einstudiert hatten, machten sich die beiden Männer ans Werk: Sie legten neben der schon vorhandenen Leine eine weitere Leine ans Geschirr an, an der rechten Flanke des Hundes. Der andere Mann nahm die Leine, die an dem Geschirr auf dem Rücken des Hundes befestigt war, klinkte diese dort aus, um sie an der linken Flanke des Hundes an dem Geschirr einzuhaken. Und dann machten sich beide Männer links und rechts des Hundes bereit: Jeweils ein Bein nach vorne leicht schräg und durchgedrückt in den Boden gestemmt, das andere Bein nach hinten abstützend suchten sie festen Stand. Mit beiden Händen umwickelten sie die Enden der jeweiligen Leinen. Die Enden der Leinen wickelten sie um ihre Hände, damit diese nicht durch einen spontanen Ruck aus den Händen gleiten konnten. Zwischen ihnen befand sich ihr führender Herdenschutzhund. Alle drei schauten zu der immer näher kommenden Reiterin. Man konnte die kraftvolle Energie des Hundes, des Pferdes und der Menschen auf diese Distanz nicht nur sehen, man konnte sie regelrecht spüren, wie sie sich in der Luft verbreitete. Eine Energie, die sagte: Gleich geht es los! Gleich gibt es hier ganz große Bambule!

Und dann ging es los!

Der Führer auf vier Pfoten im Fell gab das Startsignal „Attacke" in Baritonmanier mit einem lauten und knackigen dunklen Bellen. Dann warf er sich mit allem, was ihm zur Verfügung stand, nach vorne. Es begann ein Tauziehen: Vier Beine gegen vier Pfoten. Dem Hund war der Spaß anzusehen, den es ihm bereitete, nach vorne zu ziehen und die beiden Männer in Bedrängnis zu bringen, zu zeigen, wer mehr Kraft hatte, er oder die beiden Männer. Wer würde gewinnen?

Der Leithund begann zu sabbern, die Männer begannen zu schwitzen. Diesen Wettkampf trugen sie nicht zum ersten Mal aus. Das konnte man sehen. Alle drei hatten darin Erfahrung, nicht nur in der Vorbereitung, sondern auch in dem Wettkampf selbst. Die beiden Männer feuerten sich gegenseitig an, brüllten sich Mut zu, zischten Parolen des Durchhaltens. Ich konnte die Worte „Aus", „Pfui" und „Brav" von den Männern vernehmen. Sie wollten diesen Wettkampf, dieses Spiel nicht verlieren.

Der Hund stand mittlerweile auf seinen Hinterbeinen und ließ sich nach vorne fallen, so dass die beiden Männer das gesamte Gewicht des Hundes an den beiden Leinen halten mussten. Dazu kam die Kraft des Hundes, die er über seine Hinterbeine ausübte, indem er versuchte, noch nach vorne zu gehen. Ich war froh, nicht an der Stelle der Männer zu sein. Ich war froh, dass meine beiden Hunde an meiner linken Seite neben mir gingen, ziemlich unberührt von dem Spektakel, das sich mittlerweile nur noch ungefähr 10 bis 15 m vor uns abspielte.

Die Reiterin kam dem Szenario immer näher. Sie schaute zu dem Spektakel mit dem Hund und den beiden Männern. Und ich konnte ebenso sehen, wie ihr Gesicht sich leicht verkrampfte, hoffend, dass die Leinen halten mögen, die Männer ihren sicheren Stand behielten. Denn bislang gelang ihnen das noch. Und man konnte in ihren Augen sehen, dass sie hoffte, dass es noch mindestens so lange andauerte, bis sie vorbei sei. Sie war nun fast auf der Höhe des Herdenschutzhundes mit seinen beiden Menschen. Der Chef auf vier Pfoten gab nochmal alles. Er hängte sich noch einmal richtig rein und mobilisierte seine letzten Reserven. Hier war eindrucksvoll die neue Outdoor-Trendsportart zu sehen: Hunde halten! Einer der Männer verlor kurz seinen Halt und musste einen Schritt nachgeben.

Doch sofort hatte auch er wieder festen Stand. Man sah, die beiden Männer waren sich einig und hatten darin Übung. Das hatten sie trainiert und geübt, immer wieder und immer wieder. Der Hund hatte sie darin gut trainiert. Er hatte gute Arbeit geleistet. Und das Ganze ohne Lob, Klicker und sekundäre Verstärker.

Dann kam endlich der Moment, an dem die Reiterin vorbei war. Der Hund zuckte noch ein wenig hinter der Reiterin hinterher, aber da war schon zu erkennen, dass er in seinen Bemühungen nachließ.

Während der ganzen Zeit ging ich immer weiter den Weg mit meinen beiden Hunden entlang. Nun passierte die Reiterin mich. Ich grüßte kurz, sie grüßte zurück, sichtlich froh, dass meine Hunde einfach nur neben mir liefen. Doch für die beiden Männer mit dem Herdenschutzhund war der trainierte Ernstfall noch nicht vorbei. Denn nun kam ich mit meinen beiden Hunden.

Sie suchten weiterhin festen Stand. Und ihr Chef auf vier Pfoten begann nochmals, die letzten Reserven seiner Kraft zu mobilisieren. Er versuchte mit allen zur Verfügung stehenden Mitteln und Kräften, die beiden Männer von der Stelle zu ziehen. Diesmal stand er nicht auf den Hinterbeinen, sondern setzte seine vier Pfoten ein, um entsprechenden Vortrieb auf dem Boden zu generieren, quasi einen „Allpfotenantrieb" zu starten. Er versuchte, sie Zentimeter für Zentimeter nach vorne zu ziehen. Ich konnte bei einem der Männer sehen, dass er nach vorne gezogen wurde, dass seine Schuhe über den geschotterten Boden glitten, ohne dass er sich selbst bewegte. Ich war mir nicht sicher, was passieren würde, wenn die beiden Männer ihren Halt und damit das Tauziehen, diesen Wettbewerb verlieren würden. Ich war mir nicht sicher, was ihr Chef dann tun würde. Und diese Unsicherheit meinerseits bemerkten in dem Moment meine Hunde. Beide taten etwas, was sie eher selten tun. Sie gingen auf einmal auch nach vorne in die Leine und begannen, sich auf den Herdenschutzhund zu fixieren. Ich riss mich zusammen, wurde wieder sicher, schaute nach vorne den Weg entlang und ging weiter. Brenda und Wolke hörten auf, den anderen Hund zu fixieren. Auf Höhe der drei schaute ich zu den beiden Männern und grüßte kurz. Mit verzerrtem Gesicht grüßten sie zurück, und ihre Körpersprache sagte aus: Geh bloß schnell weiter, lange können wir unseren Boss nicht mehr halten! Ich ging den Weg weiter entlang, und mit jedem Schritt, den ich mich von den dreien entfernte, wurde der Lautsprecher auf vier Pfoten leiser und ruhiger. Ich schaute nicht mehr zurück, doch konnte ich mir genau vorstellen, was die beiden Dienstboten des Hundes nun taten: Sie lockerten ihre Haltung. Sie ordneten ihre Leinen an dem Geschirr ihres Chefs neu. Und sie folgten dem Weg ihres Chefs auf vier Pfoten, brav und gut erzogen, ohne an der Leine zu ziehen.

WOCHENENDURLAUB IM RUHRGEBIET

Wir hatten Urlaub! Ein ganzes Wochenende. Das kommt so selten vor, dass es hier einmal extra erwähnt werden muss. So kam es, dass Lisa und ich mit unseren sechs Hunden ein Wochenende in Bochum verbrachten.

Am zweiten Tag suchten wir nach einem schönen Ausflugsziel und fanden dort auch einen großen Park, in dem wir mit den Hunden eine Runde laufen konnten. Auf dem Parkplatz angekommen, stiegen wir zunächst aus, um uns von der Örtlichkeit einen Überblick zu verschaffen. Es war ein warmer Frühlingstag, deswegen ließen wir die Türen unseres Fahrzeuges offen, damit die Hunde es nicht zu warm hatten. Es waren viele weitere Erholungssuchende unterwegs, die auch das schöne Wetter genossen. So viele, dass es für uns „Landeier" völlig ungewohnt war. Nachdem wir den Eingang zum Park gefunden hatten, kehrten wir zu unserem Fahrzeug zurück. Vor der geöffneten Autotür standen zwei ältere Damen, die auf unsere Hunde schauten und dabei wie wild gestikulierten. Im ersten Moment erschloss sich uns nicht, was dieses Szenario zu bedeuten hatte. Wir stellten uns neben die beiden Frauen und schauten ebenso zu unseren Hunden, die knapp einen Meter von uns entfernt im Auto warteten. Unsere Hunde waren wegen der hektischen Bewegungen der beiden Damen sichtlich irritiert, und so fragten wir sie, was es denn dort so Spannendes zu sehen gäbe. „Wir passen auf, dass die Hunde da nicht rausspringen. Hier hat jemand vergessen, die Türen zuzumachen." Ein Schmunzeln fuhr über unser Gesicht. „Keine Sorge", beruhigten wir die beiden, „die springen dort nicht heraus. Die bleiben da drin, egal wie viele Menschen hier am Auto vorbeilaufen." Die beiden Damen ließen die Arme schlaff herunterhängen, und Ungläubigkeit war ihnen ins Gesicht geschrieben. Derweil leinten wir unsere Hunde an, um mit ihnen zum Eingang des Parks zu gehen. Es gingen dort viele Menschen mit ihren Hunden spazieren - manchmal auch die Hunde mit ihren Menschen.

Es war Ende März, und wir beschlossen, an einer kleinen Eisdiele unser erstes Eis in diesem Jahr im Freien zu essen. Wir setzten uns etwas abseits, legten unsere Hunde ab und genossen das Eis. Währenddessen beobachteten unsere Hunde genau all die Zwei- und Vierbeiner, die an uns vorbei gingen. Von weitem kam ein älterer Mann mit seiner Frau und einem kleinen, grauen Hund in unsere Richtung. Der Hund lief an einer „Flexi-Leine" und zog seinen Menschen zielstrebig in unsere Richtung. Unsere Hunde beachteten ihn kaum, er war ihnen egal. Nur von Cookie kam ihr obligatorisches, leises Knurren. Als sie auf unserer Höhe waren, fragte der ältere Herr ob sein Hund mal schnüffeln dürfe. Und noch bevor wir antworten konnten, ließ er die „Flexi-Leine" lang laufen und der kleine Hund klebte sozusagen am Po meiner Brenda. Ich nahm meine kleine Islandhündin Elin auf meinen rechten Arm, das Eis in die linke Hand und ging zu dem Mann. Mit jedem Schritt, den ich näher kam, wurden seine Augen immer größer. Ich hielt Elin provokativ an seinen Po und fragte ihn in mehr rhetorischer Absicht: „Darf die kleine Hündin mal schnüffeln?" Der Mann bekam spontan ein rotes Gesicht, musste nach Luft schnappen und rang um Worte. Ich setzte Elin wieder auf den Boden. Kommentarlos gingen wir weiter, aßen unser leckeres Eis und ließen Mann und Hund stehen.

UNTERWEGS IN DER NACHBARSCHAFT

In unserer Nachbarschaft lebte früher Norbert. Und Norbert hatte einen Hund: Möhrchen. Möhrchen war ein Lastrami, ein Landstraßenmix oder eben auch ein Senfhund, jeder gab seinen Senf dazu. Sie war putzig, klein, braun-weiß mit schwarzen Knopfaugen und zotteligem Fell. Sie war eine von der Sorte Hund, die sofort jeden Menschen um den Finger wickelt. Die man ansieht und denkt: Oh, ist der schnuckelig!

Möhrchen bekam als Leckerchen von Norbert immer Zuckerwürfel. Wenn Möhrchen satt war, dann trug sie die Zuckerwürfel weg. Sie sammelte die Zuckerstückchen, und zwar mitten auf der Straße. Es war nur eine schmale Straße, verkehrsberuhigt, aber eine Straße, auf der nun mal auch hin und wieder Autos fuhren.

So saß Möhrchen dann auf der Straße und bewachte die Zuckerwürfel. Und wenn irgendjemand mit einem Auto kam, dann bewachte sie die Zuckerstücke weiterhin. Sie saß zähnefletschend auf der Straße und ließ niemanden an sich heran oder an sich vorbei. Todesmutig stellte sie sich jedem Fahrzeug in den Weg. Die Autofahrer mussten immer aussteigen, zu Norbert laufen, klingeln und ihn darauf hinweisen, dass sie gerne die Straße weiter entlangfahren würden, ohne Möhrchen zu überfahren. Norbert musste sie von der Straße tragen. Er war der einzige, den sie dann an sich heranließ. An seinem Gartenzaun hing sogar ein selbstgemaltes Schild mit der Aufschrift: „Der Hund auf der Straße gehört zu uns". Eine Geschichte, die heute undenkbar erscheint.

UNTERWEGS

Ich fahre sehr gerne Fahrrad. Am liebsten mit meinen Hunden. Zwei Alaskan Huskys ziehen mich auf dem Fahrrad, indem sie vorweg laufen, und Brenda und Elin begleiten uns. Bikejöring nennt sich dieser Spaß, den manche auch Sport nennen. Solche Touren gehen gerne mal zwischen 15 und 20 km weit, und wir sind dann knapp eine Stunde unterwegs. Das Cuxland bietet mir sehr viele Möglichkeiten durch ein wunderschönes Streckennetz. Das führt mal durch Naturschutzgebiete, mal durch Wälder, mal zwischen Weiden, Strommühlen und Feldern hindurch, manchmal an Gräben und Kanälen entlang und manchmal auch durch ein Moor. Natürlich begegnen mir auf diesen Bikejöringtouren Menschen, Traktoren, PKWs, andere Radfahrer, Mütter mit Kinderwagen, und selbstverständlich auch Menschen mit ihren Hunden, die ebenso wie wir Erholung und Entspannung durch die Bewegung mit ihrem Hund suchen. Die beiden Alaskan Huskys, die das Fahrrad ziehen, muss ich an all diesen Ablenkungen genauso vorbeiführen, wie Brenda und Elin, die mich begleiten. Wenn wir einen Weg entlangfahren und die Huskys gerade so richtig rennen, werden schnell Geschwindigkeiten von über 30 Stundenkilometer erreicht, und da wäre es fatal, wenn die Huskys meinen, sie könnten mal eben rechts ab zu den überwinternden Gänsen auf dem Feld laufen oder nach links zu dem entgegenkommenden Hund, um ihn zu begrüßen. In einem solchen Gespann, ich auf dem Fahrrad und die vier Hunde, kann nur einer sagen, wo es langgeht, wenn wir sicher durch alle Lebens-

lagen kommen möchten. Ansonsten gibt es Chaos. Und wie so ein Chaos aussehen kann, durfte ich leider selbst erleben.

Ich fuhr früh morgens, als es noch schön kühl war, einen Schotterweg entlang. Er führte schnurstracks geradeaus an einem Kanal entlang, mit einem Deich zwischen Kanal und Weg. Da konnte man schon weit sehen und auch weit im Voraus erkennen, ob einem irgendeine Form von Ablenkung entgegenkommt. Und das war an diesem frühen Morgen der Fall. Zwei junge Frauen kamen mir entgegen, die eine schob einen Kinderwagen, die andere hatte einen jungen Schäferhund an der Leine. Ich kam ihnen näher und näher. Brenda und Elin kannten das Prozedere. Sie wussten, dass sie sich in solchen Situationen hinter meinem Fahrrad einordnen mussten. Und die beiden Huskys vorneweg wussten, dass sie nur nach vorne schauen und weiterrennen mussten, solange ich nichts anderes sagte. Denn sie wissen generell, dass alles in Ordnung ist, solange ich nichts sage, und dass ihnen nichts passieren wird, egal, welche Ablenkung um sie herum auftaucht. Das gibt ihnen die Sicherheit, die sie suchen, deshalb vertrauen sie mir. Nur dadurch sind wir auch in der Lage, sicher durch fließenden Straßenverkehr zu fahren. Ich kam also den beiden Frauen näher und näher. Wir waren zügig unterwegs und ich spürte den kalten Fahrtwind im Gesicht und an meinen Händen. Als sie noch ungefähr 20 Meter entfernt waren, begann der Schäferhund an der Leine Känguru zu spielen. Oh, oh, das war meistens kein gutes Zeichen. Deswegen verlangsamte ich vorsichtshalber unser Tempo. Ich wollte nicht mehr Energie in die Situation bringen, als unbedingt nötig. Mit etwas mehr als Schrittgeschwindigkeit wollte ich an den beiden Frauen vorbeifahren. Wenige Meter, bevor wir auf gleicher Höhe waren, sprang dieser Schäferhund mit einem gewaltigen Satz und lautem Getöse nach vorne, und die Frau flog hinterher. Platsch! Bäuchlings lag sie da, mit leicht erhobenem Kopf auf ihren Hund schauend. Ich machte eine Vollbremsung, denn der Schäferhund war auf dem Weg in Richtung meiner Hunde, mitsamt seinem Frauchen als Anker hintendran. Und eine Vollbremsung mit den Huskys vorneweg mache ich wirklich nur im Notfall, da ihnen eine solche Vollbremsung schon an die Knochen geht. Innerhalb von zwei bis drei Metern kamen wir zum Stehen. Der Schäferhund, mit der auf dem Bauch liegenden Frau im Schlepptau, zog mit lautem Bellen weiter in unsere Richtung. Die Frau hielt mit beiden Händen tapfer die Leine, und ich hoffte inständig, dass die Leine hielt und sie es weiterhin schaffte, diese festzuhalten. Der Schäferhund zog die Frau noch ein Stückchen hinter sich her über den Schotter, und dann blieb er stehen, zog aber dennoch weiter an der Leine. Die Frau mit dem Kinderwagen sagte lapidar zu ihrer Begleiterin, die noch immer auf dem Boden lag und die Leine fest umklammert hielt: „Denk dran, wenn er ruhig ist, dass du den Klicker drückst, und ihm etwas Futter gibst!" Ich setzte schnell meinen Weg fort, damit die Lage nicht noch weiter unnötig angeheizt wurde. Brav liefen meine vier Hunde an dem Schäferhund vorbei, der sich immer noch aufregte und auf den Hinterbeinen herumtanzte.

IN FRANKEN

Ich war unterwegs in Franken. Es war eine lauschige Sommernacht, kaum ein Lüftchen rührte sich. Ich war über ein Wochenende dort zu einem Seminar eingeladen. Der Veranstaltungsort war wunderschön gelegen, umrahmt von einer alten Festung. Nachdem ich den ganzen Tag dort Menschen mit ihren Hunden etwas erzählt hatte, suchte ich nach dem Abendessen noch eine kleine Auszeit für mich und meine beiden Hunde. Wir gingen durch den Ort. Es hatte den Anschein, als schliefe schon alles, obwohl die Sonne noch nicht ganz untergegangen war. Ich ging durch einen kleinen Park, in dem sich ein paar Jugendliche um eine Bank herum aufhielten. Sie rauchten, tranken und hörten Musik nach meinem Geschmack. Sie schauten kurz zu mir, ich grüßte, sie grüßten zurück. Ich ging weiter meinen Weg aus dem Park heraus und kam in eine kleine Siedlung. Die Häuser dort waren alle ungefähr vor 30 bis 40 Jahren gebaut worden und hatten eine ähnliche Architektur. Was mir sofort auffiel: Es gab nur zwei Farben für die Häuser. Entweder waren sie weiß oder ziegelrot. Die Gärten waren gepflegt, wie man das heute so schön nennt. Alles war grün, aber es gab kein buntes Farbtupferl durch eine Blüte. Und vor allem war auf dem Rasen kein einziges Gänseblümchen oder ähnliches zu sehen. Ich nenne so etwas „Psychopathen-Rasen", denn dort kann kein Insekt, kein Vogel überleben. Dafür gab es jede Menge lebende Tote: Gartenzwerge, die in Bewegung dargestellt waren. Manche waren mit Graben beschäftigt, manche hielten Laternen, und wieder andere schauten in die Gegend. Wer sich in dieser Spießersiedlung etwas abheben und den Revoluzzer mimen wollte, hatte ein Gartenzwergpaar beim Sex auf seinem Rasen stehen. Aber immer farblich passend zur Hauswand, in deren Nähe sie standen. Und wenn es keine Gartenzwerge waren, die dort in den Gärten standen, dann waren es irgendwelche aus Metall gebogenen Vögel, große bunte Kugeln, frisch bemalter Metallschrott oder sonstige Gartendekorationen. Viel Fantasie herrschte allerdings in dieser Siedlung nicht vor, das war offensichtlich. Ich hörte auch keine Vögel zwitschern, selbst Mücken surrten nicht um mich herum. Die Straße führte in einem leichten Bogen an den Häusern entlang. Plötzlich, und für mich wie aus dem Nichts, kläffte es an meiner rechten Seite an einem Zaun. Und nach dem Kläffen begann ein Getöse aus Knurren und Bellen. Zwei Hunde hatten uns entdeckt und rannten hinter dem Zaun, der das Grundstück vom Bürgersteig trennte, auf und ab. Ich muss zugeben, ich erschrak im ersten Moment, meine Hunde ebenso. Es war so plötzlich, dass die bisher vorherrschende Stille durch dieses laute Getöse endete. Es war in etwa so, als wenn auf einem Heavy-Metal-Konzert die Musik abrupt endet und jemand auf einem Klavier leise „Für Elise" spielt, nur vom Lärmpegel genau umgekehrt. In all dem Getöse vernahm ich plötzlich eine menschliche Stimme. Sie gehörte offensichtlich einem Einheimischen, einem Eingeborenen. Ich konnte ihn nicht verstehen, so eigentümlich war die Aussprache der Wörter. Mittlerweile stand er mir gegenüber, nur durch den hohen Zaun von mir getrennt. Ich gab mich als Ausländer von der Nordsee zu erkennen, woraufhin er langsamer und deutlicher sprach, aber nicht leiser und auch nicht weniger zornig, musste er doch weiterhin seine Hunde übertönen. Er beschimpfte mich mit lauten, die Ruhe durchdringenden Worten, weil ich den Bürgersteig mit meinen Hunden entlang gegangen war. Sowas gehörte sich nicht, meinte er, denn seine Hunde würden in ihrer Ruhe gestört. Er fragte mich weiter in lautem Ton, wie ich mir das denn vorstellen würde, wenn hier alle mit ihren Hunden entlang gingen, über diesen Bürgersteig in dieser Siedlung. Seine Hunde müssten dann ja den ganzen Tag bellen. Die ganze Nachbarschaft würde gestört durch all die Gassigeher, die immer meinen, überall lang laufen zu müssen. Sowas ginge doch nicht. Die Hundehalter müssten auch mal Rücksicht untereinander und auf die Nachbarschaft nehmen. Schließlich hinge da vorne ja auch ein Schild an seinem Zaun (das ich bis zu diesem Zeitpunkt noch gar nicht wahrgenommen hatte), dass auf diesem Grundstück Hunde wären. Er musste schon ziemlich laut sprechen, denn seine eigenen Hunde waren immer noch mit lautem Getöse damit beschäftigt, meine Hunde anzubellen. Ich erwiderte nichts, aus zwei Gründen: Zum einen hatte ich keine Lust auch noch herumzuschreien, und zum anderen waren mir seine Logik und diese Argumente des bayerischen Urgesteins so suspekt, so niederschmetternd, dass ich keine passende Antwort darauf fand. So ging ich weiter den Bürgersteig entlang. Und nachdem wir einige hundert Meter entfernt waren, hatten sich die beiden Hunde auf dem Grundstück auch wieder beruhigt. Bis zum nächsten Fußgänger, der dort vorbei gehen sollte…

WENN KOMMUNIKATION ZUR EINBAHNSTRASSE WIRD

Werner saß bei mir auf dem Hof, auf unserer braunen Bank, die direkt am Haus steht. Alle, die schon mal bei uns waren, kennen diese Bank.

Es war ein sommerlicher Tag, die Sonne kitzelte unser Gesicht, erwärmte unsere Haut mit ihren Strahlen. Sein Hund lag bei ihm, quasi zu seinen Füßen. Es regte sich kaum ein Lüftchen. Von irgendwoher hörten wir große Landmaschinen bei der Arbeit. Wir redeten noch etwas über dies und das und was wir so erlebt haben in den vergangenen Stunden. Er erzählte mir, wie sehr er in der vorher besuchten Hundeschule darauf trainiert wurde, genau darauf zu achten, was sein Hund gerade macht:

die Kommunikation und damit die Kommunikationssignale der Hunde zu erlernen und zu erkennen,

immer genau schauen, was der Hund genau jetzt macht, um zu verstehen, was der Hund will

und lernen, was all die Dinge bedeuten, die der Hund so macht:

gähnen,

sich über das Maul lecken,

zur Seite schauen,

die Ohren heben oder senken,

das Heben oder Senken der Rute,

den Kopf senken,

die Stirn in Falten legen,

die Ohren nach vorne oder hinten legen,

Beine einknicken,

Körper beugen,

Nase hochziehen, …

Während wir darüber sprachen, fing der Hund an, sich zu drehen, erst auf die Seite und dann weiter auf den Rücken. Werner schaute dabei dem Szenario zu, das der Hund hier veranstaltete. Als der Hund auf dem Rücken lag, fragte er mich, warum sein Hund sich jetzt so verhielte, warum er genau das jetzt mache. Was es bedeute? Ich sagte zu ihm, dass das doch egal sei. Wichtig und entscheidend für ihn sei doch bei der Zielsetzung, die er habe, dass der Hund dort ruhig und entspannt liegen bliebe. „Ja, aber warum macht er das?", wollte Werner wieder von mir wissen, „warum dreht er sich jetzt hier auf den Rücken und unterwirft sich?" - „Nun", antwortete ich ihm, „das kann Verschiedenes bedeuten. Es muss nicht zwangsläufig Unterwerfung sein, wenn sich der Hund mal auf den Rücken dreht. Es kann sein, dass der Hund sich unterwirft, wenn es auch in dieser entspannten Situation sehr unwahrscheinlich ist. Es kann auch sein, dass er sich einfach nur entspannen möchte. Vielleicht möchte er auch am Bauch gekrault werden, vielleicht den Bauch von der Sonne wärmen lassen, vielleicht hat er auch nur eine Verspannung im Rücken und kann so besser liegen. Und es gibt nach kurzem Nachdenken bestimmt noch mehr Interpretationsmöglichkeiten. Vermutlich werden wir den Grund nie erfahren, aber Gründe und Möglichkeiten für dieses Verhalten gibt es viele. Und diese Gründe, warum der Hund sich jetzt so verhält, sind völlig egal bei der Zielsetzung, einen ruhigen, entspannten Hund zu haben, der nirgendwo auffällt. Wichtig ist, dass der Hund ruhig und entspannt liegt. Wenn du anfängst darüber nachzudenken, warum dein Hund sich so und nicht anders verhält, räumst du dem Hund Macht ein", sagte ich zu ihm. „Du fängst an, dein Denken so zu verändern, dass der Hund auf einmal in deinem Kopf eine Wichtigkeit erlangt und es in den Hintergrund tritt, was du willst. Natürlich darf dein Hund dir wichtig sein, er darf der beste Hund der Welt sein und das Wichtigste, was du hast. Aber er darf nicht das Denken seines Menschen bestimmen, dein Denken bestimmen. Denn irgendwann kommt sonst der Punkt, an dem du dir mehr Gedanken um deinen Hund machst als der Hund um dich, an dem nur noch du auf den Hund achtest, er aber kaum noch auf dich. Es kommt zur schleichenden Machtumkehr. Und dann wird es mit deiner Zielsetzung schwierig. Nein, nicht unmöglich, das weiß ich, es ist ja auch immer vom Hund und vom Menschen abhängig, aber schwierig."

Ich höre öfter von meinen Kunden, die von weit angereist kommen, dass in ihren vorigen Hundeschulen viel Wert darauf gelegt wurde, die Kommunikation des Hundes zu verstehen. Es wurde viel Zeit, Energie und Schweiß daran gesetzt, all das zu lernen, schon im Gehen darauf zu achten, was der Hund für Signale sendet. Dabei ist es für die meisten Hundehalter völlig irrelevant, was in den entsprechenden Situationen, wie zum Beispiel Hundebegegnungen, der Hund will. Im Gegenteil. Für so manche Zielsetzung und für so manche Mensch-Hund-Kombination ist dies von Nachteil. Der Mensch macht sich so viele Gedanken darüber, was der Hund ihm jetzt sagen will oder sagen könnte, dass es nicht mehr darum geht, einfach mal wie in meinem obigen Beispiel irgendwo entspannt zu sitzen. Den Tag und den Spaziergang zu genießen. Die Sonne zu genießen. Das Hier und Jetzt zu genießen. Entspannung. Einfach so. All das geht verloren, wenn der Mensch sich immer wieder Gedanken macht, was der Hund ihm hier und jetzt sagen will. Ich weiß selbst, dass es manchmal Situationen gibt, in denen das echt spannend und interessant ist, vielleicht sogar von Nöten. Aber in den allermeisten Situationen ist es völlig egal, warum der Hund jetzt gähnt oder mit der Rute wedelt, nach hinten schaut oder die Ohren spitzt. Und die allermeisten Kommunikationssignale des Hundes sind auch situationsabhängig und bedeuten nicht immer das gleiche. Nachdem ich schon oben das Beispiel mit dem Auf-dem-Rücken-liegen erklärt habe, hier noch mal ein Beispiel rund um das Gähnen: Das Gähnen kann sowohl ein Denkvorgang sein als auch Verlegenheit als auch einfach nur Müdigkeit oder der Versuch zu entspannen oder Halsschmerzen zu lindern, wie mir mal ein Tierarzt sagte. Und auch hier gilt: vermutlich gibt es noch mehr Ursachen als die hier aufgeführten. Oder warum der Hund mit der Rute wedelt. In vielen Fällen ist es Unsicherheit, und manchmal ist es auch eine Erwartungshaltung. Manchmal ist es einfach nur vor Freude. Es kommt auf die Situation an. Es kommt auf die Umstände an. Möchtest du mit deinem Hund aber einfach nur entspannt zusammenleben und das gemeinsame Leben genießen, dann sollte eben genau das nicht zu viel Raum in eurem Zusammenleben einnehmen. Denn sonst kann es dir passieren, wie schon vielen anderen Menschen auch, dass du die Zielsetzung aus den Augen verlierst, dass du dich mit deinem Hund im Dschungel der Kommunikation verirrst.

HILFE UND HILFE

Vor langer Zeit lernte ich Lars mit seiner schwarzen Mischlingshündin Anna kennen. Sie kam im Alter von ungefähr einem Jahr zu Lars, denn sie war zuvor eine Art Wanderpokal, sie wurde durch verschiedene Familien weitergereicht. Natürlich hatte dieses Weiterreichen Gründe: die überzogene Ängstlichkeit und Schreckhaftigkeit von Anna. Sie zeigte vor vielen verschiedenen Dingen zwar keine Angst, aber Ängstlichkeit und Schreckhaftigkeit in bestimmten Situationen. Eine dieser Situationen war z.B. die Angst vor Männern. In einem Haushalt, in dem auch Männer leben, ist das eine eher schlechte Ausgangssituation. Und so begann Lars schon früh, mit Anna daran zu arbeiten. Man kann eigentlich sagen, er begann sofort damit, als Anna zu ihnen kam, aber leider nicht nachhaltig. Außerdem kam auch noch die Mutter von Lars ins Spiel. Die Mutter meinte es nur gut, und sie war sicherlich eine Person, die gerne erzählte. Und jetzt hatte sie etwas zu erzählen. So berichtete sie eben auch von ihrer Tochter und ihrem neuen Hund. Und sie erzählte allen Menschen, ob sie es nun hören wollten oder nicht, von Annas Angst vor Männern. Dies hörte dann auch ein Mann in dem Ort, der selber einen kleinen Hund hatte. Er konnte sich gut in Lars hineinversetzen, meinte er. Sein eigener Hund sei schließlich auch kein einfacher Hund. Er hätte vor vielen anderen Hunden Angst. Und auch vor Postboten. Manchmal auch vor Polizisten. Dies äußerte sich bei seinem kleinen Hund (ein etwas zu groß geratener Yorkshire-Terriermix) dadurch, dass er immer versuchte, ihnen lautstark bellend in die Füße zu zwacken. Das mag niemand. Aber es ist eben auch ein Terrier. Und guck doch mal wie der guckt, so süß. Und wie der sich immer an der

Leine gebärdet! Auf den Hinterbeinen stehend! Aber schön ist diese Ängstlichkeit des Hundes nicht, meinte der Mann und wollte Lars helfen, damit ihm nicht das gleiche Schicksal widerfährt mit einem ängstlichen Hund an der Seite. Deswegen sagte dieser Mann zu Lars, als sie sich dann etwas später mal in einer kleinen Straße im Ort trafen: „Mit meiner Hilfe bekommen wir das schon wieder hin." Lars sagt ihm dazu: „Sehr gerne, aber eigentlich sehe ich keine Notwendigkeit, und ich fühle mich auch nicht verpflichtet, das anzunehmen." Doch das hörte der Mann schon nicht mehr. Er hörte schon bewusst weg, hatte ein Leckerli in der Hand und drückte es Anna ins Maul. Würde man hier den Kontext nicht kennen, könnte man schon fast denken, wir haben es mit jemandem zu tun, der Giftköder verteilt. Nun begab es sich für die Zukunft so, dass Lars diesem Mann immer wieder während der Gänge durch den Ort begegnete und dieser immer wieder darauf hinwies, dass sie es mit seiner Hilfe schaffen könnten, dass Anna in Zukunft keine Angst mehr vor Männern hätte. Es half auch nicht, dass Lars ihm erklärte, Anna habe gar keine Angst mehr vor Männern. Das hatten Lars und ich zwischenzeitlich auf dem Pfoten-Pfad geklärt. Die Ursache für Annas Verhalten gegenüber Männern war hier nur die Vorstellung, dass Anna mit Männern Probleme hätte. Als Lars klar wurde, dass diese Angst vor Männern nur in seiner Vorstellung stattfand, war die Ursache gefunden, die Symptome behoben. Doch der Mann ließ nicht locker. Und so traf er eines Tages wieder Lars, wieder wollte er, dass Anna keine Angst mehr vor Männern hat, wieder wollte er ihr ohne Erlaubnis Futter reichen. Ja, es handelt sich wohl um dieses uralte Vorstellung, dass man das Vertrauen eines Hundes über Futter erkaufen kann. Heute, in der modernen Verhaltenspsychologie, wissen wir es besser. Wir wissen, dass es auf wesentlich mehr ankommt, als nur Futter zu reichen, um das Vertrauen seines Gegenübers zu bekommen. Und wieder sagte Lars zu dem Mann, dass er das gerne anbieten könne, er sich aber noch immer nicht verpflichtet fühle, diese Hilfe anzunehmen. „Dann nicht!", war diesmal die Antwort des Mannes. Im ersten Moment hat Lars gar nicht verstanden, wie eindeutig ehrlich diese Antwort war. Sie bedeutete: Wenn du meine Hilfe nicht befolgst und ich nicht der Held sein kann, gebe ich dir auch keine Hilfe. Es ging also nicht mehr darum, ein selbstloses und ehrliches Angebot zu machen, sondern es ging darum, dass der Mann sich selbst profilieren wollte. Dass er in Zukunft durch den kleinen Ort gehen konnte, in dem sie beide lebten, und jedem erzählen konnte, wie toll er doch Lars und Anna geholfen hätte. Was für ein toller Hecht er doch sei. Was für ein toller Hundeflüsterer. Wie gut er mit Hunden umgehen könne. All das hat er vermutlich schon andere über sich sagen gehört. Und insgeheim erhoffte er sich vermutlich auch, dass dann in Zukunft noch viele weitere Menschen mit ihrem Hund zu ihm kämen, denen er mit seinen zweifelhaften Tipps und Vorschlägen helfen könnte, um weiterhin im Mittelpunkt der Gesellschaft zu stehen.

Wirkliche Hilfe wird einem gar nicht so häufig zuteil. Denn wirklich zu helfen hat auch etwas Selbstloses. Wann sage ich etwas? Wann halte ich meine Klappe? Was sage ich vielleicht nicht wirklich, um helfen zu können, sondern was sage ich, nur um selbst besser dazustehen? Dieser Grat ist ein sehr schmaler. Man kann schnell nach links oder rechts herunterfallen. Besonders schmal ist der Grat innerhalb einer Beziehung. Nicht nur in einer zwischenmenschlichen Beziehung, sondern auch in der Beziehung zu seinem Hund. Das konnte ich in den letzten Jahrzehnten bei meiner alltäglichen Arbeit immer wieder beobachten. Es ist eine Art andauerndes: „Kann ich dir helfen?". Eine solche Frage ist so manches Mal nur ein Ausdruck dessen, was der Mensch an dem anderen, in diesem Falle, an seinem Hund, nicht erträgt. Dass sich jetzt etwas verändern soll in dem Verhalten. Und dass es nach außen hin als unangenehm empfunden wird, wenn sich der Hund so verhält, wie er es tut.

In vielen Hundeschulen, die ich im Laufe der letzten Jahre besucht habe, um dort beim Unterricht vorbeizuschauen, um zu verstehen, was dort gelehrt wird, habe ich sehr häufig gesehen, dass in verschiedenen Situationen, in denen z.B. Hunde frei liefen, ihnen viel zu oft und viel zu schnell geholfen wurde, anstatt dem Hund einfach Zeit zu geben, selbst herauszufinden, welches der effektivste Weg des Verhaltens ist. Aber das ist viel viel mehr wert, als jede Hilfestellung eines Menschen. Auch hier gibt es natürlich wieder diesen schmalen Grat, zu sehen und zu erfassen, wann der Hund tatsächlich Hilfe oder Schutz braucht vor den anderen Hunden, und wann es besser ist, selbst herauszufinden, was richtig ist.

Wir alle brauchen mal Hilfe. Und wir brauchen dann jemanden, der uns wirklich helfen will, um des Helfens Willen, und nicht, um selbst gut dazustehen. Wir können dies lernen, z.B. mit dem Partner, der Freundin oder mit unserem Hund. Denn der Hund spiegelt uns quasi in Echtzeit. Er gibt uns sofort eine Rückmeldung, was er davon hält, was wir gerade tun. Er kennt die menschliche Höflichkeit nicht. Seine Reaktionen sind echt. Wir können lernen, so zu kommunizieren, dass klar wird, wann wir eine Hilfe wünschen, eine Lösung hören wollen, und wann nicht. Unerbetene Hilfe dürfen wir uns öfter mal verkneifen. Blöde Besserwisserei, nerviges Dauer-Tipps geben und dieses planlose Herumversuchen: „hast du schon mal das oder dies versucht", hört man besonders oft in Hundeschulen, die nur nach Konditionierungsformen arbeiten, macht den Hilfesuchenden nicht wirklich sicherer und nur ganz ganz selten glücklich. Eine Hilfe ist nur dann eine Hilfe, wenn sie hilft.

LEIDENSFÄHIGKEIT VON MENSCHEN

Ein junges Paar, Susanne und Stefan, haben fast ihr gesamtes Glück gefunden. Sie haben sich gefunden, sie lieben sich, innig, sie haben zwei Kinder, die auf dem Weg in die Pubertät sind. Sie bauen ein Haus. Stefan ist bei der Bundeswehr und oft auf Auslandseinsätzen. Susanne ist zu Hause, selbstständig, im Beautybereich. Was fehlt? Ich habe mal gelesen, dass ein Mann drei Dinge tun soll. Ein Kind zeugen (hat Stefan erledigt), ein Haus bauen (hat Stefan erledigt) und einen Baum pflanzen. Das war Stefan aber zu einfach, er sagte sich: stattdessen könnte ich mir auch einen Hund holen. Gedacht, getan. Und schon malten sich Susanne, Stefan und die beiden Kinder aus, wie schön das Leben mit einem Hund sein würde. Man könnte mit ihm mal in den Ort gehen, um dort beim Italiener ein Eis zu essen, zusammen über den Weihnachtsmarkt bummeln, mit dem Hund Freunde und Bekannte besuchen. Einige von denen hatten ja auch Hunde. Man könnte mit ihm Fahrrad fahren, um den See herum. Sonntagsausflug mit Kindern! Welch eine Freude! Wie viel Spaß das bringen wird! Sie berieten darüber, wer sich wann um den Hund wie kümmern solle. Und damit war auch klar, wie der nächste Schritt aussehen musste: Die Familie fuhr in ein Tierheim an der friesischen Nordseeküste. Dort schauten sie sich die Hunde an. Und dort fanden sie Luis.

Luis war ein Dobermannrüde, 8 Monate alt. Die Tierheimleitung machte Susanne und Stefan darauf aufmerksam, dass Luis kein einfacher Hund sei. Er habe mit seinen 8 Monaten schon zwei verschiedene Halter hinter sich. Beide Male war er von der Polizei aus den Haushalten herausgeholt worden. Bei seinem letzten Besitzer war Luis dabei, als der Besitzer die Mutter von Luis mit einem Messer abgestochen und gegessen hatte. Und der Vorbesitzer hatte Luis regelmäßig verdroschen. Da zudem der Vorbesitzer nicht aus unserem Kulturkreis stammte, offenbarte sich bei Luis später eine entsprechende Aggression, gegenüber Menschen, die ihm auf der Straße begegneten und optisch zu diesen Menschen aus dem entsprechenden Kulturkreis passten. Die Leitung des Tierheimes berichtete davon, dass es zu entsprechenden Problemen mit anderen Menschen und anderen Hunden gekommen sei. Er sei ein sehr schwieriger Hund. Doch das hielt Stefan bei dem Besuch im Tierheim nicht davon ab, trotz der Warnung der Mitarbeiterin des Tierheimes direkt in den Zwinger zu Luis zu gehen. Und was soll ich euch sagen, liebe Leser: Es geschah etwas, von dem man mir später berichtete. Es war Luis, der sich Stefan aussuchte! Dass das natürlich nicht stimmt, dürfte jedem Leser klar sein. Denn am Ende entscheidet immer der Mensch, niemals der Hund, wo das Tier einzieht. Als also Stefan in den Zwinger ging, passierte: gar nichts, sehr zum Erstaunen der Mitarbeiter. Luis war ganz ruhig und ging mit leicht gesenktem Kopf auf Stefan zu. Stefan war begeistert. Ein so junger stattlicher Rüde. So eine großartige Gestalt. Das war sein Hund, entschloss er sich. Und dann kam noch die Trainerin des Tierheims vorbei. Sie machte Stefan Mut. Was für ein toller Hund Luis sei, und dass Luis sich Stefan ausgesucht habe, das wäre doch ein Zeichen! Nämlich dafür, dass sie zusammen passen würden. Sie würden Luis schon hinbekommen. So schwierig sei das ja gar nicht. Es brauche nur ganz viel Liebe und Zuspruch. Susanne war nicht so glücklich mit der Entscheidung. Ihr war auf der anderen Seite klar, dass sie beide im Grunde über keinerlei Erfahrung im Zusammenhang mit Hunden verfügten. Sie kannten solche Hundegeschichten allenfalls aus dem Fernsehen. Darum teilte sie Stefan auch ihre Bedenken mit, aber der war einfach nur noch verliebt in Luis. Sein Freund. Sein Kumpel. Und so kam eines zum anderen. Luis zog dann gar nicht so viel später bei der Familie von Susanne und Stefan ein. Die Freude bei Stefan war riesig. Er liebte diesen Hund und er verstand sich mit ihm. Das dürfte aber nicht weiter verwundern, denn er verließ doch erst mal mit Luis das Grundstück nicht. Das dürfte man in den ersten Wochen nicht, so hatte man ihnen im Tierheim mitgeteilt. Luis müsse erst mal bei ihnen zu Hause ankommen und begreifen, dass er nun dort hingehöre. Stefan und Luis rauften und tobten im Garten, er warf ihm den Stock oder auch den Ball. Und wenn es mal raus ging, herunter vom Grundstück, dann nur kurz, eben einmal durch die Siedlung. Denn das gemeinsame Laufen war anstrengend, und anstrengende Dinge, die mag Stefan nicht, nicht nur wegen der Schulterschmerzen. Deswegen vermied er diese anstrengenden Runden mit dem Hund immer öfter.

Dazu passte es, dass die Auslandseinsätze von Stefan zunahmen. Er war immer länger weg. Seine Einsätze dauerten nicht mehr wie sonst ein höchstens zwei Wochen, sondern auf einmal drei bis vier Monate. Nun stand Susanne mit Luis alleine vor all der Arbeit mit ihrer Selbstständigkeit, den Kindern, dem Haushalt, dem neuen Haus, das noch nicht ganz fertig war und Luis. Und Luis entpuppte sich immer mehr als ein großer Rüpel. Anfangs sprang er nur Susanne an, später auch die Kinder, dann auch alle anderen Menschen, die das Haus betraten. Wenn die Kinder durch den Garten rannten, z.B. bei einem kleinen Fußballspiel, rannte er hinterher. Dabei griff er mit seinem Maul gerne mal in die Unterarme, oder er spielte ganz einfach foul und warf sie um. Draußen an der Leine entwickelte er sich immer mehr zu einem gewaltbereiten Macho. So manches Mal musste Susanne Luis mit beiden Händen festhalten, während Luis - auf den Hinterbeinen stehend genauso groß wie Susanne - andere Leute anpöbelte. Sie erzählte davon, dass sie ihn sogar manchmal an Gittern und Sitzbänken festbinden musste, weil sie sich nicht mehr sicher war, seiner Herr zu werden, ihn kontrollieren zu können. Da erschien es ihr sicherer, den Hund dort anzuleinen.

Insgeheim trug sie dabei den Gedanken ganz tief in sich, ihn dort angeleint zurückzulassen.

Zu Hause begann Luis mehr und mehr, die Wohnung zu zerstören. Bevor sie in das neue Haus zogen, zerstörte er praktisch das gesamte Mobiliar mit allem Drum und Dran in fast allen Zimmern der alten Wohnung. Das ist natürlich schlimm. Im Zusammenhang mit dem Umzug der Familie nicht ganz so schlimm, sparte es den Möbelpackern Arbeit. Aber schlimm ist es dennoch. Für Luis. Denn ein solches Verhalten hat schließlich einen Grund, und der ist mit großer Wahrscheinlichkeit in der Psyche des Hundes zu suchen. Eine solche Zerstörungswut hat immer ein Leiden als Ursache, ein psychisches Leiden.

Deswegen bauten sie an dem neuen Haus auch einen Zwinger für Luis, damit er im Zwinger leben kann und nicht mehr im Haus. Denn in dem Haus, da waren sie sich sicher, würde er auch wieder alles zerstören. In dem schönen neuen Haus. Und dann stellte sich nach und nach auch noch heraus, dass Luis an vielen verschiedenen Allergien litt. Als ich Susanne kennenlernte, zählte sie mir alle Allergien auf. Es waren so viele, dass ich sie gar nicht alle behalten konnte. Wegen des problematischen Hundeverhaltens begann es zwischen Stefan und Susanne zu kriseln. Es passierte etwas, was sie bis dahin nicht kannten. Sie stritten sich. Wegen Luis. Stefan beharrte darauf, dass Luis sein Freund sei. Und Susanne litt immer mehr unter der Situation, vor allem dann, wenn Stefan auf seinen Einsätzen unterwegs war und sie sich über Wochen, ja Monate um Luis vollkommen alleine kümmern musste. Sie begann zu vermeiden. Die wenigen Male, bei denen Luis vom Grundstück kam, wurden immer seltener und seine Zeit, die er im Zwinger verbrachte, immer länger. Innerhalb weniger Tage baute Luis ein neues Verhaltensmuster auf: Sobald Susanne auch nur in die Nähe des Zwingers kam, biss er in die Gitterstäbe. Dieses Verbeißen wurde von Mal zu Mal intensiver. Am Ende war es so intensiv, dass Luis sich dabei regelmäßig sein Zahnfleisch verletzte und sein Blut an den Gitterstäben herunterfloss.

Da war der Punkt gekommen, an dem Susanne für sich beschloss, dass sich etwas ändern muss. Viele Optionen gab es ja nicht. Luis abgeben kam wegen Stefan nicht infrage. Von alleine würde sich Luis nicht ändern. Also musste sie etwas ändern. Nach einigem Nachdenken war ihr auch schnell klar, dass es an ihrem Umgang mit Luis liegen musste. Er musste sie für schwach und klein halten, dieser große, starke, potente Rüde. Aber wie tritt man so einem Hund entgegen? Gegenüber ihren Kindern hatte sie dieses Problem nicht, aber gegenüber ihrem Rüden schon. Ihr fehlten einfach ein paar Mittel, so fand sie für sich selbst heraus. Im Internet entdeckte sie uns. Sie rief an. Wir trafen uns zu einem gemeinsamen Gespräch. Und dort erzählte sie mir diese ganze oben geschilderte Geschichte. Natürlich beobachtete ich die beiden wieder von Anfang an. Am Ende konnte ich ihr einfach nur Recht geben in ihrer Annahme, wie Luis sie sieht, wie das Bild aussieht, dass Luis von Susanne hat, wie das Weltbild von Luis ist. Er hielt sich für den Mittelpunkt des Universums. Alles drehte sich um ihn. Die Gedanken der Kinder, die Gedanken der Menschen, die Handlung der Menschen, alles hatte immer in seiner Gegenwart sofort und direkt mit ihm zu tun. Hinzu kam die mittlerweile vorherrschende Vorsicht ihm gegenüber (von Angst möchte ich in diesem Moment noch nicht sprechen, wenn auch nicht viel dazu fehlte.) Und Angst und so auch Ängstlichkeit sind immer schlechte Berater. Angst nagt am Selbstbewusstsein. Angst nimmt einem Lebensfreude. Angst beeinflusst in großem Maße das Denken.

Schon in diesem ersten Kennenlerngespräch konnte ich schnell feststellen, dass das Leben von Susanne aus den Fugen geraten war, nur aufgrund einiger Kleinigkeiten. Da aber die Symptome so riesig waren, konnte Susanne diese Kleinigkeiten gar nicht mehr sehen. Ich fing bereits in diesem ersten Gespräch an, Susanne neue Gedanken mitzugeben. Wie kleine Pflänzchen, so waren diese neuen Gedanken. Doch ich wusste, dass diese kleinen Pflänzchen alsbald anfangen würden zu sprießen, zu wachsen und zu gedeihen. Sie würden ihren Platz in der Vorstellungswelt von Susanne finden und allen weiteren neuen Bildern einen gedüngten Boden geben Dazu fing Susanne sofort an, Luis körperlich auszulasten, denn Luis steckte voller Energie und hatte kein einziges Ventil, um diese Energie loszuwerden. Nun hatte Susanne etwas, was sie mit ihrem Luis zusammen machen konnte, bei dem sie sich beide miteinander beschäftigen konnten und so gleichzeitig ihr Bild voneinander veränderten. Da Susanne zu diesem Zeitpunkt noch nicht mit Luis an der Leine gehen konnte, fing sie an, mit ihm zu joggen, und zwar auf Laufbändern in einem Fitnessstudio. Sie mietete zwei Laufbänder, auf dem einen lief sie, und auf dem anderen nebenan lief Luis.

Nach ein paar Tagen fing Susanne an, mit unserer Trainerin Lisa zu arbeiten. Eine der ersten Maßnahmen von Luis in der ersten Einzelstunde war, Lisa zu attackieren. Er wollte einfach mal ausprobieren, wie weit er bei Lisa gehen konnte. Luis war doch etwas überrascht, dass die sich nicht so herum schubsen ließ, wie er das sonst von den Menschen in seiner Umgebung gewohnt war. Lisa hatte alle Hände voll zu tun, ihn auf Distanz zu halten. Nachdem Susanne die ersten vier Einzelstunden mit Lisa absolviert hatte, veränderte sich bei Mensch und Hund einiges. Doch diese vier Einzelstunden hatten es in sich, denn die waren für Susanne sehr, sehr anstrengend. Gar nicht mal so sehr körperlich, sondern wegen der Geschwindigkeit der Veränderungen. Susanne veränderte sich in ihrem Auftreten gegenüber Luis so derart schnell, dass ihr eigener Geist dem teilweise kaum folgen konnte. Und genauso schnell veränderte sich Luis. Nach den ersten beiden Einzelstunden ging er brav an der Leine. Er blieb sitzen, selbst bei Ablenkung. Andere Hunde waren kein Anreiz mehr zu ungehemmter Aggression. Nach weiteren zwei Einzelstunden blieb Luis auch ruhig in seinem Zwinger. Und nach weiteren zwei Einzelstunden konnte Luis wieder problemlos im Haus gehalten werden, ohne dass er etwas zerstörte. In den weiteren Stunden festigte Lisa nur noch die neuen Gedankenmuster von Susanne gegenüber Luis.

Ich traf Susanne zufällig in ihrem Heimatort, zwei Wochen, nachdem sie ihre letzte Stunde bei Lisa absolviert hatte. Die beiden waren nicht wiederzuerkennen. Es machte tatsächlich den Eindruck, als wenn hier ein völlig anderer Hund an ihrer Seite gehen würde. Selbst die Begegnungen mit Menschen aus einem anderen Kulturkreis ließen ihn nun kalt. „Es war anstrengend, aber es hat sich sowas von gelohnt!", sagte sie zu mir.

Einige Wochen später erfuhr ich von einer Kundin, dass Luis nun während der Arbeit von Susanne in einem Raum nebenan im Körbchen liegen dürfe, sich an nichts störend, was dort so ein und ausgeht.

Doch was war hier die Ursache für das Verhalten von Luis? Luis war es gewohnt, dass sich alles um ihn drehte. Nach seiner Ansicht war dort, wo er war, der Mittelpunkt der Welt. So ein Weltbild haben ihm die Menschen in seiner Umgebung gegeben, wahrscheinlich von Anfang an. Das begann schon in der ersten Familie, in die er als Welpe kam, auch wenn er dort viel Prügel bezogen hatte. In der zweiten Familie verstärkte sich dies, weil seine Menschen kein Interesse an ihm hatten und seine Mutter für ihn der Halt war. Bis zu ihrem Tod, dann war Luis aus seiner Sicht auf sich selbst gestellt. Er konnte sich nur auf sich selbst verlassen. Er hatte nie gelernt, dass es auch von Vorteil sein kann, Menschen zu folgen. Er hatte nicht gelernt, dass ihm dies sein Leben vereinfachen konnte. Und Susanne und Stefan ließen zu, dass diese Denkweise fortgeführt wurde, als Luis zu ihnen kam. Ihr Denken kreiste unentwegt um Luis. Nachdem wir dieses Denken bei Susanne veränderten, begann auch Luis sofort, sein Denken zu verändern. Schließlich hat Susanne Luis noch gezeigt, dass er sich auch mal selber aushalten muss, dass er auch mal warten muss, dass er sich selber beim Warten ertragen muss, dass sich nicht immer alles um ihn dreht. Das, was wir alle als Kinder lernen mussten, hat auch Luis gelernt. Und dadurch gelang es letztendlich auch, dass Luis so ruhig im Raum nebenan liegen konnte, während Susanne arbeitete.

WENN SICH DIE EIGENEN GEDANKEN WIE EIN SATELLIT UM DEN HUND DREHEN

André aus der Region Oldenburg kam zu mir. Wir lernten uns kennen bei einer Tasse Kaffee, und er berichtete mir von einer typischen Vorgeschichte, mit der viele Menschen zu mir kommen: Bereits einige Hundeschulen vor Ort besucht, nicht weitergekommen, der Hund rempelt ihn an, schubst ihn um, springt gegen Türen, wenn er die Wohnung verlässt, zieht an seinem Mantelärmel, bis er die Jacke ausgezogen hat und der Hund sie zerfetzen kann oder André hingefallen ist, verprügelt andere Hunde und so weiter. Um zu verstehen, warum sein Hund, ein zweijähriger Jagdhund-Mix, so ist, wie er ist, bat ich ihn, mir zu berichten, was er bislang versucht hat, ihm entgegenzusetzen. Was hat man ihm geraten in der regionalen Hundeschule, wenn er von seinem Hund attackiert wurde? Er soll ihn anschauen, erzählte er mir, „Schade" sagen und sich wegdrehen. Das hatte André nicht falsch verstanden, ich habe in der Hundeschule deswegen nachgehakt. Aber was versteht der Hund darunter? Ich (Hund) kann Menschen herum schubsen, wie ich will, kann sie drangsalieren und terrorisieren, und die Menschen haben dem nichts entgegenzusetzen. Ich kann machen, was ich will, und der Mensch bedankt sich noch dafür. Egal wie schlecht ich mich benehme, ich habe keinerlei Konsequenzen zu bedenken. In einer anderen Hundeschule hatte man ihm geraten, dieses unerwünschte Verhalten des Hundes zu ignorieren. Dabei sagt doch jedem erwachsenen Menschen alleine schon die Lebenserfahrung, dass Ignorieren indirekte Zustimmung für ein Verhalten bedeutet. Wir müssen in unserer Gesellschaft heutzutage in Zeitungen Anzeigen lesen, die dazu aufrufen, mehr Zivilcourage zu zeigen, die auffordern, Selbstverständliches zu tun: hinzusehen, wenn jemand überfallen, verprügelt, beraubt wird, statt wegzusehen und zu ignorieren. Und dann wird einem in einer Hundeschule genau dazu geraten: zu ignorieren?! Unfassbar ist für mich immer wieder, wenn ich erwachsene Menschen sehe, die mit beiden Beinen im Leben stehen und sich dann herum schubsen lassen wie ein Gummiball. Doch es ist wohl passend zu unserem derzeitigen Weg zu einer Konsensgesellschaft: Die systematische Demontage von Autorität, Persönlichkeit und Charakter passt zu einem Zeitgeist, der Experten und Eliten verachtet, die nicht zur selbstverfassten Meinung passen. Niemand darf herausgefordert, angestrengt oder kränkend benotet werden. Eine ernsthafte Bewertung traut sich keiner mehr zu. Verantwortung wird nicht mehr übernommen. Es wird sich weggeduckt.

Und dann kommen Menschen wie André mit oder ohne Hund zu mir. Sie müssen sich anstrengen. Und sie bemerken, dass sich Anstrengung gut anfühlen kann. Sie müssen Verantwortung übernehmen. Und sie entdecken, wie viel Kraft einem diese Verantwortung geben kann. Sie müssen sich durchsetzen, und sie spüren, wie gut es sich anfühlt, Respekt und Achtung zu erfahren. Sie müssen das Verhalten ihres Hundes bewerten. Und sie entdecken, wie sehr es ihnen hilft, sich und ihren Hund in der Gesellschaft einzuordnen. Und das alles nur durch eine Veränderung der Denkweise.

Eine solche Veränderung der Denkweise hat auch André mit meiner Hilfe vorgenommen. Wir haben uns einmal in der Woche getroffen, und nach drei Wochen war Andre verblüfft, wie sehr sich das Verhalten seines Hundes verändert hatte. Er berichtete mir eine Woche später davon, dass sich in seinem Arbeitsumfeld das eine oder andere zum Positiven verbessert habe.

Wie habe ich das mit André erreicht? Ich habe seine Denkweise verändert. Ich habe seine Denkweise, seine Art, die Dinge zu betrachten, insofern verändert, dass er anfing zu begreifen, dass sein Hund nicht mehr im Mittelpunkt seines Lebens steht. Denn aufgrund seines Verhaltens drehte sich ab einem gewissen Zeitpunkt alles nur noch um ihn, den Hund. „Der Hund muss noch raus. der Hund muss noch Fressen. der Hund will in den Garten. der Hund will spielen, der Hund soll es gut haben, der Hund muss noch schnüffeln, der Hund muss noch geistige Beschäftigung haben. Warum fiept er jetzt? Jetzt hechelt er gerade, ob er wohl Durst hat? Bestimmt möchte er ein Leckerli, er steht da gerade wieder vor dem Schrank. Hoffentlich treffen wir gleich auf der Gassirunde nicht so viele Leute. Was ist denn da? Warum schaut er da vorne hin? Was hat er denn da gesehen?"

Es geht nicht darum, dass man an seinen Hund denkt. Es geht dabei darum, dass man an fast nichts anderes mehr denkt. Dieses permanente Denken an den Hund bestärkt ihn natürlich noch zusätzlich in der Ansicht, der Nabel der Welt zu sein, der Mittelpunkt des Universums. Denn alles was man tut, jede Handlung, jeder Gedanke, hat immer auch mit dem Hund zu tun.

Andrés Art zu denken habe ich in eine neue Bahn gelenkt. Ich habe ihm gezeigt, dass er auch an sich denken darf, und deswegen kein schlechtes Gewissen gegenüber seinem Hund haben muss.

André selbst hatte nicht erkannt, wie sich seine Art und Weise zu denken im Zusammenhang mit seinem Hund verändert hatte. Das war, wie so vieles, ein schleichender Prozess. Von mir damit konfrontiert wurde es ihm bewusst. Das war der erste Schritt zur Veränderung seines Denkens. Unterstützt hab ich ihn dabei, indem ich ihm im Umgang mit seinem Hund und anderen Menschen einen Spiegel vorhielt sowie dadurch, dass ich zunächst in seiner Vorstellungskraft neue Bilder erzeugte. Beides bewirkte, dass sich seine Denkweise veränderte und damit sein Auftreten, seine Wirkung nach außen. Er übernahm Verantwortung für sich und auch das Leben seines Hundes, die dieser bislang alleine getragen hatte, und er spürte die Kraft, die ihm dieses Engagement gab.

Nach einer weiteren Woche berichtete André mir, dass sein Hund auf einmal angefangen habe, sich an ihn zu kuscheln. Abends, wenn er auf dem Sofa säße, fange er an, sich an ihn zu schmiegen und seinen Kopf auf seine Füße zu legen. Das hatte er noch nie zuvor getan. Er war auch noch nie auf das Sofa gesprungen, um Andrés Nähe zu suchen. Dies war eine ganz neue Erfahrung, so wie sie viele Menschen im Zusammenhang mit ihrem Hund machen, wenn sie Verantwortung für das eigene Leben und das ihres Hundes übernehmen.

Nach insgesamt sechs Wochen gemeinsamer Arbeit war André ein Mensch geworden, der wieder selbstbewusst durchs Leben ging und artikulierte, was er wollte. Gegenüber seinem Hund genauso wie gegenüber seinem Umfeld. Er konnte mit seinem Hund nun ohne Leine die Spaziergänge erledigen. Und eines Tages fiel ihm erst unterwegs auf, dass er die Leine für seinen Hund komplett vergessen hatte. Egal, so sagte er sich, eine solche Runde können wir auch ohne Leine laufen.

Nach vier Monaten bekam ich ein Bild von ihm zugeschickt. Darauf war er mit seinem Hund an seinem Arbeitsplatz, einem Hotel, zu sehen. Er konnte ihn zur Arbeit mitnehmen, weil sein Hund die ganze Zeit ruhig in seinem Körbchen lag, während er arbeitete, egal was um sie herum passierte. Ein wunderbares Bild.

WENN DER HUND DEN MENSCHEN SPIEGELT

Vor einigen Jahren lernte ich Dennis mit seiner zweijährigen Hündin Nala kennen. Es war einer der letzten schönen Tage im Spätherbst. Viele Bäume hatten schon ihr Laub verloren. An manchen hing das Laub noch in bunten kräftigen Farben. Wir tranken einen Kaffee und Nala erkundete den Hundeplatz. Dennis kam für eine Woche aus dem Ruhrgebiet zu uns, weil Nala sich von niemandem streicheln oder anfassen lassen wollte. Grundsätzlich ist das eigentlich kein Problem. Doch z.B. bei einem Tierarztbesuch kann dies schnell problematisch werden. Jetzt mag mancher denken, so oft geht man doch nicht zum Tierarzt und wenn, dann wird man dort schon eine Lösung finden. Doch auch gegenüber Dennis zeigte Nala das gleiche Verhalten, wenn auch nicht ganz so stark ausgeprägt. An manchen Stellen konnte Dennis Nala berühren. Das waren Stellen wie z.B. die Wirbelsäule oder auch die Pfoten. An anderen Bereichen des Körpers wollte sich Nala auch von Dennis nicht berühren lassen, und wenn, dann nur mit Druck durch Festhalten oder Ähnlichem. Dennis übte diesen Druck auch nur dann aus, wenn es notwendig war, z.B. um Nala zu untersuchen.

Während wir miteinander sprachen, fiel mir sehr schnell auf, dass Nala zwar einige Minuten lang den Hundeplatz erkundete, sich dann aber relativ schnell in unserer Nähe zur Ruhe legte. Aber auch nicht so, wie ich es sonst kannte, in direkter Nähe zur Bezugsperson, sondern mit einem Abstand von vier bis fünf Metern und mehr. Und wenn ich mir die Art und Weise anschaute, wie Nala lief und sich hinlegte, so handelte es sich dabei nicht um mangelnden Respekt. Ich hatte schlicht und ergreifend den Eindruck, dass Nala das nicht wollte. Dennis' Wunsch war, dass wir herausfanden, warum Nala so war, wie sie war. Er sagte mir von vornherein, dass es für ihn auch kein Problem sei, wenn Nala grundsätzlich auf diese Art und Weise auf Körperkontakt verzichtete, wenn sie es nicht mochte. Meine Brenda ist zum Beispiel auch so ein Hund, der Körperkontakt eher aus dem Weg geht. Und intensives Knuddeln? Eher lieber nicht und wenn, dann nur ganz kurz. Dennis hatte sich gewünscht, als er Nala zu sich nahm, auch mal jemanden zu haben, den er in den Arm nehmen konnte oder mit dem er einfach mal auf dem Sofa kuscheln konnte. Er hatte es bei Freunden mit Hund erlebt, bei denen er zu Besuch war. Das wünschte er sich, war es doch so angenehm für ihn. Und er hatte auch das Gefühl, dass der Hund der Freunde dies ebenfalls als angenehm und schön empfand. Jeder Hundehalter weiß, dass die allermeisten Hunde sehr gerne kuscheln und knuddeln, dass es die Hunde genießen, und dass sie es so manches Mal auch einfordern, weil es für sie so angenehm und schön ist.

Am Anfang hatte ich tatsächlich keine richtige Idee, wie ich vorgehen sollte. Es konnte schließlich alle möglichen Ursachen haben. Spontane Ideen, die ich dazu hatte, waren gefestigte Gedankenmuster im Kopf von Dennis oder auch von Nala. Vielleicht auch eine Kombination von beiden. Vielleicht waren es auch entsprechende Erfahrungen, die Nala irgendwann einmal gemacht hatte. Vielleicht war es auch einfach nur eine überzogene Schüchternheit. Ich versuchte einfach zunächst, mich an diese Geschichte heranzutasten, irgendeine Rückmeldung von Dennis oder Nala zu bekommen. Und dann wollte ich mich durch diese Rückmeldungen und Informationen an die Ursachen von Nalas Verhalten weiter herantasten.

Dennis war mit Nala zuvor schon in anderen Hundeschulen gewesen. Er hatte mit Hundepsychologen gesprochen, Kynologen angeschrieben, Tierkommunikatoren kontaktiert und so weiter. Sein Heilpraktiker vor Ort war es, der ihn an mich verwies. Der hatte von meiner Herangehensweise gehört. Und er wies Dennis darauf hin, dass es unter Umständen nicht nur eine Reise an die Nordseeküste für Dennis wird, sondern auch eine Reise zu ihm selbst.

Ich begann erst einmal damit, mich auf Nala zu konzentrieren. Ich versuchte Kontakt zu ihr aufzunehmen. Ich sprach sie an, ich hockte mich hin, ich ging ein wenig über den Platz. Sie beäugte und beobachtete mich. Vom Gefühl her würde ich sagen, dass sie misstrauisch war. Schließlich war ich für sie ein Fremder. Und ihr Dennis war in der Situation natürlich ebenso aufgeregt, was sich auf Nala sehr wahrscheinlich übertrug. Nach kurzer Zeit begann Nala, mich in einigem Abstand langsam zu umkreisen. Dieser Abstand wurde von Minute zu Minute geringer. Am Ende betrug der Abstand ungefähr drei Meter. Geringer wurde er nicht. Ich versuchte noch, Nala neugierig zu machen, doch auch damit hielt sie den Mindestabstand von drei Metern aufrecht. Dann versuchte ich, Nala zu locken, doch selbst dann kam sie nicht mehr als drei Meter an mich heran. Ich bat Dennis, zu uns in den Wolfsbau zu gehen, dem Seminarraum im Pfotenland. Von dort aus hatte er eine gute Sicht über den ganzen Hundeplatz, war aber weit genug von Nala entfernt und daher körperlich nicht anwesend. Ich bat einen unserer Komparsen, das gleiche Prozedere durchzuführen wie ich zuvor, mit der Zielsetzung, körperlichen Kontakt zu Nala aufzubauen. Nur diesmal war Dennis nicht mit auf dem Platz war. So wollte ich ausschließen, dass sein Einfluss das Verhalten von Nala auslöste. Außerdem konnte ich damit ausschließen, dass ich mich aufgrund von Dennis' Erzählungen womöglich unbewusst so verhalte, dass auch Nala nicht zu mir kommen würde. Der Komparse wusste nicht, worum es geht. Er hatte nur die Aufgabe, zu Nala auf den Hundeplatz zu gehen, sie zu streicheln und körperlichen Kontakt aufzunehmen, basierend auf Nalas Freiwilligkeit.

Der Komparse versuchte es mit Ruhe und Geduld. Er hockte sich in die Mitte des Platzes, um Nala die Chance zu geben, ihn kennenzulernen. Er bot ihr Futter an, er bot ihr ein Spiel an, doch näher als drei Meter kam Nala nicht an ihn heran. Der Komparse ging auf dem Platz auf und ab, Nala folgte ihm immer mit diesem Mindestabstand von drei Metern. Er tat so, als ob er sich für Nala nicht interessieren würde: Er schaute sich die herbstlichen Bäume an, sah nach den Zugvögeln, die über uns hinweg zogen, und Nala schaute mit. Ja, sie schaute tatsächlich mit in die Luft. Aber näher als drei Meter kam sie auch jetzt nicht an den Komparsen heran. Auch nach einer knappen halben Stunde konnten wir sehen, dass Nala nicht bereit war, näher als ungefähr drei Meter an den Komparsen heranzugehen, egal was er auch machte. Somit konnte ich schon mal einige Ursachen ausschließen.

Ich überlegte weiter. Was konnte es für einen Grund haben? Ich schaute mir den Komparsen und Dennis an. Sie hatten einige übereinstimmende körperliche Merkmale wie Haarfarbe, Körpergröße, Alter und so weiter. Um ausschließen zu können, dass es an einem dieser Merkmale lag, wiederholte ich das ganze Prozedere mit einer Komparsin. Sie verfügte über andere körperliche Merkmale als Dennis oder der Komparse, war größer und jünger, hatte eine andere Haarfarbe und einen anderen Körperbau. Der aufmerksame Leser wird sich nun fragen, warum ich das Ganze nochmals verifizierte, denn eingangs hatte ich doch diesen Test mit Nala bereits beschrieben.

Auch ich habe andere körperliche Merkmale als Dennis oder der Komparse. Aber ich wusste von der Problemstellung, das hätte Einfluss auf mich und auf Nalas Verhalten haben können.

Wir wiederholten das ganze Prozedere mit der Komparsin. Dennis stand im Wolfsbau und schaute zu, wie die Komparsin zu Nala auf den Platz ging und Kontakt zu ihr aufnahm. Die Komparsin wusste von der Problematik nur so viel, wie unbedingt nötig, um das Ergebnis nicht zu beeinflussen. Sie ging ebenfalls das gesamte Repertoire durch. Nach 30 Minuten war auch sie nicht weiter gekommen als der Komparse und ich zuvor. Einen direkten Zusammenhang mit Menschen konnten wir so also ausschließen.

Jetzt hatten wir fast drei Unterrichtseinheiten absolviert, aber eine mögliche Ursache hatte ich noch nicht gefunden. Das war schon außergewöhnlich, denn normalerweise finde ich innerhalb der ersten 30 Minuten die allermeisten Ursachen.

Wie verhält es sich mit anderen Hunden? Verhält sich Nala dort ebenso distanziert? Dennis verneinte dies. Ich testete es mit meinen beiden Hunden. Brenda und Spooky konnten näher als drei Meter an Nala herankommen. Sie konnten sogar Nalas Analbereich beschnuppern. Auch beim späteren gemeinsamen Toben und Raufen war intensiver Körperkontakt mit Nala, egal wo, kein Problem. Damit konnte ich schon einmal eine Reihe weiterer Ursachen körperlicher Art ausgrenzen.

Ich schaute nun auf Dennis. Damit Dennis Nala anleinen konnte, hatten die beiden ein Ritual entwickelt. Dennis warf Futter in einiger Entfernung auf den

Boden und entfernte sich ein paar Schritte. Nala schlenderte zu dem Futter und Dennis konnte sich dann vorsichtig von hinten nähern und sie anleinen. In einer solchen Situation konnte er Nala berühren, aber nur an den schon beschriebenen Stellen. Bei Berührung anderer Körperstellen erschrak Nala sofort und versuchte sich dem zu entziehen, manchmal durch Weglaufen, das nur durch die Leine begrenzt wurde, manchmal durch regelrecht panisches Springen in die Leine. Wohl oder angenehm fühlte sie sich dabei offensichtlich nicht.

Bei diesem „Sicherheitsabstand" von drei Metern fiel es mir schwer zu akzeptieren, dass Nala wirklich nur schüchtern sei. Für mich war diese Entfernung von drei Metern einfach zu groß, um nur als Schüchternheit oder mangelnde Kontaktfreude abgetan zu werden.

Ich überlegte weiter und durchdachte verschiedene Szenarien, um dieser Ursache auf den Grund zu gehen. Dabei saß ich auf der braunen Bank bei uns auf dem Hof. Ich schaute unsere Auffahrt entlang zur Straße. Auf dem vorderen Hundeplatz empfing Christa gerade die ersten Teilnehmer ihrer Gruppenstunde. Ich wartete auf Dennis. Er kam angefahren, parkte sein Auto und stieg aus. Die Teilnehmer von Christas Gruppe sprachen Dennis auf seine Hündin an, als er sie aus dem Auto nahm, um zu mir zu gehen. Und während sie Dennis ansprachen, machten zwei Teilnehmer einen Schritt auf ihn zu, wie man es in einem Gespräch macht; man möchte es nicht über eine größere Distanz führen. In diesem Fall waren sie jedoch 5 bis 6 Meter entfernt, und so gingen sie näher zu ihrem Gesprächspartner, um nicht so laut reden zu müssen und um höflich zu sein. Die beiden Teilnehmer der Gruppe gingen also auf Dennis zu. Und dann fiel mir etwas auf. Als sie einen bestimmten Radius unterschritten hatten, machte Dennis einen Schritt nach hinten, erst einen kleinen und etwas später noch einen größeren. Nur, warum tat er das? Seine beiden Gesprächspartnerinnen waren jetzt noch fast drei Meter entfernt, was also in etwa der Distanz entsprach, die Nala zu anderen Menschen hielt. War das nur Zufall? Seine beiden Gesprächsteilnehmer bemerkten offenbar unbewusst, dass Dennis Distanz halten wollte. Sie gingen nicht mehr näher an ihn heran. Eine ungewöhnlich große Individualdistanz für einen Menschen, dachte ich. Und dann begann ich dies mit vorherigen Situationen zu vergleichen, als die Komparsen mit Dennis sprachen, nachdem die Komparsin sich mit Nala auf dem Hundeplatz beschäftigt hatte. Immer hielt Dennis einen größeren Abstand zu Menschen, als es gewöhnlich zwischen Menschen üblich ist. Ebenso hatte er das bei unserem ersten Gespräch auf dem Hundeplatz getan. Dort setzte sich Dennis mit dem größtmöglichen Abstand zu mir auf die Bank. Es gab offensichtlich ein Muster bei Dennis. Und womöglich hatte er es unbewusst auf Nala übertragen. Ich ging mit Dennis auf unseren hinteren Platz, weil wir dort mehr Ruhe hatten. Dort standen auch einige Stühle um einen Tisch herum. Auf dem Tisch standen Kaffee, Tassen und weitere Getränke. Ich setzte mich und bot ihm einen Kaffee an. Gerne wollte er einen Kaffee mit Milch mit mir trinken, wie schon die Tage zuvor. Dennis blieb aber stehen. Ich bot ihm Platz an, doch er nahm mein Angebot nicht an. Er wolle noch die Herbstsonne genießen, meinte er, doch das hätte er auch von einem Stuhl aus tun können. Während ich uns beiden jeweils einen Kaffee mit Milch einschenkte, erzählte er mir noch von seinen Unternehmungen vom gestrigen Abend. Er hatte sich in Cuxhaven umgeschaut und auf die Nordsee hinausgeblickt. Ich hatte inzwischen die beiden Kaffees fertig zubereitet, gab ihm seinen und setzte mich. Ich setze mich bewusst ganz an den Rand und erst dann nahm auch Dennis Platz. Er wählte den Stuhl, der am weitesten von mir entfernt stand. Das dürften fast vier Meter gewesen sein. Ich fragte Dennis, warum er sich gerade dorthin gesetzt hätte. Er schaute mich etwas überrascht an. Mit solch einer Frage hatte er offensichtlich nicht gerechnet. Das konnte ich nachvollziehen. Das hätte ich in seiner Situation vermutlich ebenso wenig erwartet. Seine Augen streiften über den Platz und suchten nach einer Antwort. Nachdem ich jedoch von ihm nach einiger Zeit noch keine Antwort bekommen hatte, schilderte ich ihm meine Beobachtungen. Und nun spannte sich seine Körperhaltung an: Sein Oberkörper war leicht nach vorne gebeugt, die Beine standen fest auf dem Boden, parallel nebeneinander. Die Hände waren auf den Oberschenkeln wie zu einem Gebet gefaltet. Dennis scannte mit seinen Augen nach wie vor den gesamten Platz, aber er schaute mich nicht an. Er meinte, es sei ihm noch nie aufgefallen, dass er Menschen mit solch großer Distanz begegnen würde. Ich wiederholte darum meine Beobachtungen, auch wenn ich mir nicht so sicher war, ob ich seiner Aussage Glauben schenken konnte. Aber das spielt keine Rolle. Denn für Dennis ist die Wahrheit das, was in seinem Kopf ist, in seiner Vorstellung. Wir redeten bei dem Kaffee noch weiter über diese Thematik, aber nichts Tiefgreifendes. Ich wartete auf etwas, bei dem ich bei ihm einhaken konnte. Aber bislang gab es in unserem Gespräch nichts außer oberflächlichen Aussagen. Dennis wich aus und ging nicht tiefer in die Thematik. Und deswegen ließ ich ihm Zeit, meine Beobachtungen zu verdauen. Ich bin mir sicher, dass er schon vorher wusste, wie er sich verhält. Nur hatte ihn noch keiner darauf angesprochen.

Seine Überraschung wich einer peinlichen Berührtheit. Ich merkte ihm an, dass er gar nicht glücklich darüber war, von mir darauf angesprochen zu werden, dass er sich nun damit auseinandersetzen musste. Das war nicht sein Plan. Manchmal versuchte er auch, vom Thema abzulenken, doch ich blieb dabei, wenn auch nur oberflächlich. Nach einiger Zeit stellte er die Frage, auf die ich wartete. Er öffnete damit die Tür zu sich selbst: „Und was kann ich dagegen machen?" fragte er. „Das hängt von dem Grund ab, warum du dich so verhältst. Aber was auch immer der Grund ist, mit deinem Hund hat es nichts zu tun." antwortete ich, „der spiegelt dich nur." Sein Blick senkte sich. Seine zuvor schon beschriebene Körperhaltung und sein gesenkter Blick deuteten darauf hin, dass er sich für etwas schämte. Und dann habe ich einfach einmal geraten. „Du kennst die Ursache, nicht wahr? Du weißt, warum du so distanziert bist, nicht wahr?" Sein Kopf fiel noch weiter nach vorne. Mit dem weiterhin gesenkten Blick nickte er leicht. „Dir ist etwas widerfahren. Etwas, was dich emotional betroffen gemacht hat." Er nickte wieder. „Jemand ist ganz tief in deine Privatsphäre eingedrungen und du suchst nun Schutz durch die Distanz." Er schaute weiterhin nach unten und nickte. „Jemand hat dich berührt, nicht nur emotional, auch körperlich". Ich konnte nur noch ein ganz kurzes Nicken erkennen, und seine Tränen tropften auf die gefalteten Hände. „Du wurdest missbraucht." Er nickte wieder leicht. An diesem Punkt wollte ich eigentlich aufhören. ich wollte Dennis nicht stärker belasten, denn ich hatte nun die Ursache für seine Distanziertheit gefunden - und damit auch die von Nala, weswegen er sich an mich gewandt hatte. Und nun sprach er langsam und in sehr leisem Ton: „Ich wurde monatelang sexuell missbraucht. Seitdem habe ich Angst vor Nähe. Deswegen habe ich heute Nala. Mein Therapeut meinte, dass ein Hund mir gut tun würde. Ein Wachhund, der mir Sicherheit gibt und damit Geborgenheit." Nun verstummte ich erst mal einige Zeit. Wie geht man mit solch einer Situation um? Am liebsten hätte ich Dennis jetzt in den Arm genommen, aber das hätte fatal werden können. Erst einmal gab ich ihm die Distanz, bei der er sich wohler fühlte. Ich gab ihm Zeit, sich wieder zu fangen und zu beruhigen. Das dauerte einige Taschentücher lang, wie sich jeder vorstellen kann. Dabei schenkte ich ihm noch einen Kaffee ein und erzählte Anekdoten aus meinem Leben, um ihn abzulenken und wieder auf andere Gedanken zu bringen - und mich ebenfalls.

Was macht man an so einem Punkt? Wie verfährt man weiter? Ich bin nicht sein Therapeut, wollte es auch nicht sein, und wollte in seine aktuelle Therapie auch nicht hineinpfuschen. Was in solch einer Situation jedoch nicht schaden konnte, war, ihm Mut zuzusprechen und einige Atmungstechniken zu zeigen.

In der nächsten Unterrichtsstunde begann ich mit ihm, eine Traumreise zur Entspannung zu machen. Anschließend setzte ich ihn auf unser Fahrrad und schickte ihn mit Nala los auf eine kleine Fahrradtour. Wie das ging, wenn Nala doch niemanden so dicht an sich heran ließ? Ganz einfach: Dennis hatte sich auf das Fahrrad gesetzt und fuhr los. Nala lief einfach mit. Die beiden waren noch nie zusammen Fahrrad gefahren. Entsprechend überrascht war Nala, wie Dennis anschließend meinte. Ich nannte es anders: Wir hatten Nala überrumpelt. Wie auch immer, Dennis kam mit einem freudigen Strahlen im Gesicht wieder zu uns zurück. Ich hatte ihn zum ersten Mal so glücklich gesehen. Wie ich auf die Idee kam, die beiden auf eine Fahrradtour zu schicken? Bewegung ist immer gut. Das hilft, den Kopf frei zu bekommen. Bei Mensch und Hund. Ich dachte einfach, dass das zu den beiden gut passen könnte, denn mir hätte dies an seiner Stelle auch gut getan.

An den beiden kommenden Tagen wiederholte ich das Ganze. Erst eine kleine Traumreise zur Entspannung und dann Fahrradfahren. Am Freitagabend, wir hatten uns schon am Vormittag verabschiedet, bekam ich von Dennis ein Bild. Es zeigte Dennis bei sich zu Hause auf seinem Sofa, Nala lag ausgestreckt neben ihm und wurde von Dennis am Bauch gestreichelt. Es war das letzte Mal, dass ich etwas von ihm hörte. Manchmal dachte ich an ihn und überlegte, ihm zu schreiben, aber ich unterließ es, womöglich aus den gleichen Gründen, warum er sich nie wieder meldete.

DIE ZAHLEN STIMMEN WIEDER

Dein Hund weiß genau, wo er gerne gestreichelt werden möchte. Und er zeigt es dir ganz genau. Aber weiß er auch, was du gerne von ihm möchtest?

Die Menschen, die zu mir kommen, bilden quasi einen Querschnitt der Gesellschaft. So habe ich auf dem Pfoten-Pfad Menschen kennengelernt, die in ihren beruflichen Positionen ein großes Stück Verantwortung tragen. Darunter waren Menschen, die Mitarbeiter führen, und die - um dies qualifiziert tun zu können - über entsprechende Führungsqualitäten verfügen müssen. Das sind z.B. Richter, Vorstandsvorsitzende von Aktiengesellschaften, Vorsitzende von Berufsverbänden, Geschäftsführer mittelständischer Unternehmen, Berufspolitiker, Leiter großer Filialen und selbstständige Handwerker. Man sollte denken, dass diese Menschen keinen Mentalcoach bräuchten, erst recht nicht im Zusammenhang mit ihrem Hund. Denn sie müssen ihre mentale Stärke, ihre Willenskraft in ihren individuellen Bereichen fast tagtäglich immer wieder aufs Neue unter Beweis stellen. Sie tragen tagtäglich Verantwortung für ihre Mitarbeiter und deren Familien, müssen tagtäglich ihre Belegschaft führen.

Und dann begegnete mir Frank. Er war Geschäftsführer und Inhaber eines mittelständischen Unternehmens im Ruhrgebiet, ein Selfmade-Millionär. Er war 50 bis 55 Jahre alt. Sein früher braunes Haar war mehr und mehr einem Weiß gewichen, und auf dem Hinterkopf waren - wie bei mir - die ersten kahlen Stellen zu sehen. Er war ungefähr 1,75 Meter groß. Er fuhr eine große, dunkle Limousine. Sein Äußeres war sauber und adrett. Sein Auftreten war klar. Man sah ihm von der ersten Minute an, dass hier jemand steht, der nicht schauspielert, der authentisch ist, der vermutlich manchmal ein Pokergesicht aufzieht, zum Beispiel bei Verhandlungen. Aber man weiß, woran man bei ihm ist. Und man merkte ihm an, dass er wusste, was er wollte. Im ersten Gespräch mit Frank kristallisierte sich schnell heraus, dass er klare, sogar bildhafte Ziele verfolgte - sowohl beruflich als auch im Privaten. Dies galt auch im Zusammenhang mit seinem Hund Nero. Doch mit Nero, einem grauen Jagdhund, klappte es leider nicht so. Aus einem für ihn und andere unerfindlichen Grund gelang es ihm nicht, mit seinem Nero ohne Leine auch nur einen Weg entlang zu gehen. Sobald er ihn von der Leine ließ, startete Nero durch und rannte, was das Zeug hielt. Oder er bog einfach nur nach rechts oder links ab ins Unterholz. Bei einem Rückruf kam lange Zeit nichts und danach noch immer kein Nero. „Fuß gehen" an der Leine war ebenso unmöglich, egal wo. Nero blieb stehen und schnupperte, wenn ihm danach war, rannte sprunghaft nach vorne zu einem anderen Hund, wenn dieser ihn interessierte. Frank konnte ihn dann nur mit Mühe halten und musste aufpassen, nicht hinzufallen. Oder Nero jagte einfach einem Vogel hinterher, wenn es ihm gefiel. Nero machte sein eigenes Ding.

Ich setzte mich mit Frank auf unseren Hundeplatz, wir tranken Kaffee, und Nero inspizierte den Platz. Franks Sorge galt zunächst Nero, ob er denn von diesem Platz entwischen könne, ob der Platz dicht eingezäunt sei. Frank erzählte von sich, seinem Job, seinem Tagesablauf und seinen Träumen. Er sprach ruhig und langsam, mit einer dunklen Stimme. Er fragte sich, ob Nero wohl Flöhe oder andere Parasiten hätte, er hätte sich nun das zweite Mal innerhalb weniger Minuten gekratzt. Er erzählte von Neros Biographie und von den bisherigen Besuchen in anderen Hundeschulen. Er schmückte seine Erzählungen mit lebhaften Adjektiven aus. Humor hatte er, wie seine teilweise bissige Ironie zeigte. Ich lachte gerne mit ihm, entsprach es doch auch meiner Art von Humor, die er vortrug. Er selbst lachte aber immer nur sehr dezent, nie aus vollem Herzen oder über das ganze Gesicht. Das war so seine Art, das war Frank. Dann fragte er sich wieder, ob Nero wohl Durst habe und schaute nach, ob im Wassernapf noch genügend Wasser sei, rief Nero herbei und zeigte ihm abermals das Wasser, zum dritten Mal in weniger als einer halben Stunde. Er erzählte mir, was Nero in den Hundeschulen alles beigebracht wurde, was klappte und was nicht, welche Aufgaben Nero mochte und welche nicht. Und er erzählte mir kurz von seiner Familie, seiner Frau und seinen drei Kindern. Zwischendurch schaute er immer wieder, was Nero gerade machte. Wenn er ihn nicht sofort im Blickfeld hatte, dann schweifte sein Blick wie ein Radar über den gesamten Platz, dafür stand er sogar auf. Als Nero durch die Sonne lief, bemerkte Frank, dass Nero die Sonne möge. Nero könne schon fast in der Sonne braten. Es könne ihm nicht heiß genug sein, wenn er in der Sonne dösen würde. Zu Hause hätte er extra einen Kamin angeschafft, vor dem sich Nero gerne hinlümmelt, wie Frank es nannte. Und dann beschrieb er mir sämtliche Positionen, in denen Nero liegen würde. Und was Nero in den Kurzurlauben alles erlebt habe. Frank erzählte mir auch von seiner Arbeit. Wann immer es möglich sei, begleite ihn Nero in den Betrieb. Leider könne er ihn nur in seinem Büro lassen, weil er sonst durch die ganze Firma rennen würde. In einem Nebensatz ließ er anklingen, dass die Produktivität und die Zahlen seiner Firma in der letzten Zeit schlechter wurden. Aber manchmal nimmt er den Hund dennoch mit, denn alle Mitarbeiter kennen Nero ja, sind lieb zu ihm und mögen ihn. Sie freuen sich immer, ihn zu sehen, lachen dann alle und knuddeln ihn. Bei manchen Mitarbeitern freut sich Nero so sehr, sie zu sehen, dass er sie anspringt. Und die Mitarbeiter freuen sich mit und lachen dann. Nero hat auch schon Mitarbeitern die Frühstücksbrote vom Tisch geklaut, da hat Frank gleich ein paar neue gekauft. Letztens war er einem Gabelstapler in den Weg gelaufen. Zum Glück hatte der Fahrer schnell genug bremsen können, so dass Nero nichts passierte. Aber die Gitterbox fiel von der Gabel und der Inhalt verteilte sich über den Hof. Die Mitarbeiter mussten dann alles aufräumen, was ihnen aber nichts ausmachte. „Hauptsache, Nero ist nichts geschehen" bekundeten sie, als Frank sich für seinen Hund entschuldigen wollte.

„Ich glaube, die ersten beiden Ursachen für Neros Verhalten habe ich gefunden." Frank schaute mich etwas irritiert an. Er hatte offensichtlich nicht damit gerechnet, dass ich aus nur einem Gespräch mit ihm innerhalb von 30 Minuten bereits Ursachen finde. Wer von euch, liebe Leser, bis hierhin genau mitgelesen hat, wird diese Ursachen schon entdeckt haben. Ich sprach weiter. „Aus irgendeinem Grund hast du angefangen, dein Denken vom Rest der Welt auf Nero zu verlagern. Dein Denken, sogar dein Handeln, dreht sich immer nur um Nero, sobald er dabei ist." Frank schaute mich mit großen Augen an. „Das konnten wir hier schon auf dem Hundeplatz wunderbar sehen. Du hast dich gefragt, ob er Durst hat, ob er hier weg kann, und so weiter. Dein Denken dreht sich immer nur um ihn und seine Bedürfnisse. Du kennst ihn offensichtlich genau. Ich frage mich aber die ganze Zeit, ob Nero auch deine Bedürfnisse kennt? Ob Nero genauso viel an dich denkt, wie du an ihn? Und wenn ich Nero hier so sehe und erlebe, wie er über den Platz rennt, überall schnüffelt, aber innerhalb einer halben Stunde nicht ein einziges Mal Kontakt zu dir aufnimmt, dann kann jeder sehen, dass Nero nicht mal ansatzweise so viel an dich denkt, wie du an ihn." Frank, der sonst immer beim Reden zu mir schaute, sah nun weg. Sein Blick schweifte entweder über den Platz oder er senkte sich Richtung Boden. Man sah ihm an, dass er mit sich selbst rang. Und man sah ihm an, dass es ihn berührte. Ich schenkte uns noch mal Kaffee nach und machte eine kurze Pause, damit er das eben Gehörte für sich einordnen konnte. Es machte ihm Spaß, Nero dabei zuzusehen, wie er bei diesem schönen Wetter auf dem Hundeplatz agierte, ja, sogar manchmal wie von der Tarantel gestochen losspurtete, zwei, drei Mal quer über den Platz rannte - und dann plötzlich stockte, um an einigen Grashalmen zu riechen. Er wälzte sich auf dem Rasen, genoss die Sonne und erkundete die Geräte, die auf dem Platz standen: Die Schrägwand, die Brücke und so weiter. Ich sprach Frank wieder an. „Du denkst so dermaßen viel an Nero und an seine Bedürfnisse, dass Nero zwangsläufig denken muss, er ist der Mittelpunkt des Universums. Aber das hat nichts mit Respekt zu tun. Das hat nichts mit gegenseitiger Achtung und Akzeptanz zu tun. Er hält dich schlicht und ergreifend für einen genialen Butler, den er gut im Griff hat. Du bist sein Butler, der genau weiß, dass der Herr Graf Nero um Punkt 15:30 Uhr in der Bibliothek seinen indischen Tee mit etwas Minze und einem halben Löffel Zucker, aber nicht gerührt, serviert haben möchte. Und du bist der Butler, der dafür sorgt, dass der Herr Graf Nero eben auch genau dann seinen Tee in der Bibliothek genauso bekommt, wie er es möchte. So in der Art ist im Moment das Verhältnis zwischen dir und Nero. Du bist der Butler, Nero ist der Graf. Durch dieses Denken hast du Nero völlig unbewusst erhöht, gedanklich soweit erhöht und überhöht, dass er über dir steht. Das hat mit Respekt nichts zu tun oder mit Begegnen auf Augenhöhe. Bei euch ist es irgendwann durch deine Gedanken und Ideen zu einer Machtumkehr gekommen, vermutlich völlig unbemerkt von dir, schleichend, weil du Nero als Ausgleich für deine Arbeit so sehr gebraucht hast. Du hast dich selbst innerhalb eurer Beziehung degradiert, dich selbst in Demut gegenüber Nero geübt. Du weißt alles Mögliche über Nero. Du weißt, was er gerne frisst, wo er gerne gekrault wird, wo seine Lieblingsplätze sind, was seine Lieblingsspielzeuge sind und vieles mehr. Doch frage dich mal, was Nero über dich weiß! Weiß er, was du gerne möchtest, was du von der Beziehung zu ihm erwartest? Hast du ihm jemals gezeigt oder erklärt, was du möchtest, was für dich wichtig ist und was du gerne hättest? Wohl nicht, denn sonst wäre es nicht zu genau dieser Situation gekommen, in der du jetzt steckst. Wie oft am Tag denkt er an dich und denkt darüber nach, was für euch das Beste ist? Wir können das positiv sehen und sagen, dass wir uns sonst nicht kennengelernt hätten. Aber im Zusammenhang mit Nero war das wohl eher nicht dein Plan. Und ich hätte dich auch lieber in einem anderen Zusammenhang kennengelernt, bei dem es nicht nur um deinen Hund, sondern um eine harmonische Beziehung zwischen dir und Nero geht."

Während ich sprach, schaute mich Frank nur zweimal kurz an. Ansonsten schweifte sein Blick weiter über den Platz und ging hin und wieder nach unten. Er schwieg weiter, er musste das alles verarbeiten. Und wieder gab ich ihm die Zeit dazu. Diesmal schwiegen wir beide. Wir schauten beide Nero zu, wie er noch immer über den Platz tollte. Nachdem ich Frank ansehen konnte, dass die erste größere Verwirrung in seinem Kopf vorüber war, sprach ich ihn wieder an. „Frank, die zweite Ursache für das Verhalten Neros, liegt an all dem, was du wahrnimmst. Was dir fehlt, ist jemand, der dir mal richtig die Meinung geigt. Es kann nicht angehen, dass du deinen Hund an anderen Menschen hochspringen lässt. Das ist frech, sowohl von dir als auch von Nero. Und es ist demütigend gegenüber deinen Mitarbeitern. Kein Mensch mag so etwas, das kannst du mir glauben.

Niemand mag von einem großen, fremden Hund angesprungen und herum ge-schubst werden, auch nicht dein Personal. Rede dir das jetzt nicht schön, nach dem Motto: „Die mögen doch auch Hunde" oder „Die freuen sich dann immer so". Tief in dir weißt du das auch. Und ich bin mir sehr sicher, dass deine Mitarbeiter es nicht lustig fanden, wenn Nero ihre Brote klaute, auch wenn du den Schaden ersetzt hast. Und erst recht hatten sie bestimmt keine Lust, die ganzen Dinge ein zweites Mal in die Gitterbox des Gabelstaplers zu sammeln. Glaubst du denn tat-sächlich, dass es einer deiner Mitarbeiter gewagt hätte, deswegen mit dem Chef, mit dir, lieber Frank, zu meckern? Hinter deinem Rücken haben sie bestimmt geredet, aber vor dir? Die haben doch auch Sorgen um ihre Jobs. Und du weißt, dass du in deiner Position ohnehin von Speichelleckern und Jasagern umgeben bist. Hast du das vergessen? Oder hast du es nie wahrgenommen? Oder hast du es einfach nur verdrängt, weil Nero es dir gerade in seiner speziellen Art und Weise vor Augen führt? Du bist so sehr daran gewöhnt, dass dir alle nach dem Mund reden, dass du jedes Gefühl dafür verloren hast, was Respekt bedeutet und was respektlos ist. Deine Mitarbeiter und deine Familie würden doch sogar Senf auf deiner Krawatte als schick bezeichnen. Respekt und die Achtung deiner Leute wirst du sicherlich nicht dadurch gewinnen, dass dein Hund sie anspringt und dass sie aufgrund des asozialen Verhaltens deines Hundes zusätzliche Arbeit ma-chen müssen." Frank musste, während ich zu ihm sprach, mehrmals schwer schlucken. Ich konnte ihm ansehen, dass er Tränen in den Augen hatte. Genau an diesem Punkt war ich echt gespannt, was er mir nun gleich entgegnen und wie er mit dem von mir Gesagten umgehen würde. Ungefragt schenkte ich ihm Kaffee nach, setzte mich wieder zu ihm und schaute mit ihm über den Hundeplatz. Nero lag dort und genoss die warmen Sonnenstrahlen auf seinem Fell. Frank begann in seinem gewohnt ruhigen und langsamen Tonfall zu reden, aber diesmal mit einem leicht zittrigen Unterton. „So hat schon lange niemand mehr mit mir gesprochen. Und auch, wenn ich das alles, was du mir gerade gesagt hast, in diesem Moment noch gar nicht so recht begreife, so realisiere ich im Ansatz doch, dass es stimmt. Als ich zu dir kam, hatte ich nicht mit dieser klaren und ehrlichen Art gerechnet. Ich hätte nie gedacht, dass es an mir und meinem Denken liegen könnte. Ich bin die ganze Zeit davon ausgegangen, dass mit Nero irgendetwas nicht stimmt. Aber jetzt wird mir immer klarer, was du meinst, und mir fallen immer mehr Beispiele ein, in denen genau das zutrifft, was du mir gerade gesagt hast. Es ist egal, was ich sage, niemand stellt es in Frage, nicht in der Firma und auch nicht im priva-ten Bereich. Und die Erbschleicher reden mir auch immer nur nach dem Mund."

Die Ursachen waren nun gefunden und offensichtlich von Frank verstan-den. Nun ging es daran, sie zu beheben. Das sah anders aus, als Frank sich das vorgestellt hatte. Mit Nero haben wir nicht ein einziges Mal gearbeitet, er durfte dabei sein. Das war sein ganzer Job. Frank jedoch habe ich an den folgenden Tagen unter anderem durch leichte Hypnose einen ganz neuen Blickwinkel auf sein Leben gegeben. Das führte dazu, dass Nero sich von Tag zu Tag mehr und mehr an Frank orientierte und von ganz alleine auf ihn achtete. Frank berichtete mir, dass sich das Kuscheln und Schmusen mit Nero verändert habe, von ganz alleine innerhalb dieser wenigen Tage. Er war nicht mehr so fordernd, wie es bislang der Fall war. Er war viel behutsamer, achtsamer und gab sich den Schmuseeinheiten ganz anders hin, viel intensiver, als vorher.

Am Mittwoch, dem dritten Tag des Wochenseminares, sprach ich Frank auf einen Nebensatz an, den er am Montag sagte: „Du brauchst dich darüber nicht zu wundern, lieber Frank, dass in der letzten Zeit die Zahlen deiner Firma schlechter wurden", eröffnete ich das Gespräch mit ihm. Er schaute mich überrascht an. „Wie kannst du das wissen?" fragte er mich. „Ganz einfach", entgegnete ich ihm, „jeder sieht, wie respektlos Nero dich behandelt, was du dir von ihm gefallen lässt und was er mit dir machen kann. Das zu sehen macht immer auch etwas mit deinem Gegenüber, in diesem speziellen Fall mit deinen Mitarbeitern. Sie verlieren den Respekt dir gegenüber und damit auch ihre Motivation. Und glücklich über aus ihrer Sicht unnötige Mehrarbeit, wie beispielsweise mit der Gitterbox des Gabelstaplers, sind die Leute garantiert auch nicht. Das führt dazu, dass alle deine 500 Angestellten ein paar Prozentpunkte weniger leisten, nur weil Nero dich vorführt und sich das in der Firma herumspricht - und sich alle hinter vorgehaltener Hand darüber amüsieren. Jeder strengt sich ein bisschen weniger an. Das führt wiederum dazu, dass die Zahlen schlechter werden, die Produktivität zurückgeht." Frank musste nun nachdenken. Ich gab ihm einen Moment dazu. Dann fuhr ich fort: „Dir ist das Führen, das Lenken, deiner Mitarbeiter abhanden gekommen. Sie nehmen dich alle ein Stück weit weniger Ernst, als es vor dem Einzug von Nero bei dir der Fall war. Du denkst nun mehr an Neros Wohlbefinden als an das deiner Mitarbeiter." Wieder legte ich ein kurze Pause ein, bevor ich fortfuhr: „Und wenn deine Mitarbeiter in Zukunft sehen, dass Nero dir folgt, macht, was du sagst und dich respektvoll bei deinen Rundgängen durch die Firma begleitet, dann werden auch automatisch deine Zahlen in der Firma wieder besser. Dafür bedarf es keines Unternehmensberaters oder so. Das ist nur deinem Auftreten zu verdanken." „Meinst du, dass das der Grund ist?" fragte Frank. „Ja, da bin ich mir ziemlich sicher" antwortete ich ihm. „Wenn deine Mitarbeiter sehen, dass du dich von einem Hund wie ein Stück Dreck behandeln lässt, dann schauen sie auch nicht mehr so zu dir auf und folgen dir nicht mehr so, wie sie eigentlich könnten." „Das muss ich nun erst mal sacken lassen!" Das taten wir und tranken noch eine Tasse Kaffee, Frank schwarz, ich mit Milch.

Am Donnerstag, dem vierten Tag des Wochenseminares, gingen wir zu acht spazieren. Frank mit Nero, ich mit Brenda und Wolke und eine weitere Trainerin mit ihren beiden Hunden. Wir gingen zum nahe gelegenen Moor. Nach einigen hundert Metern machten wir dann die Leinen los .Alle Hunde rannten, was das Zeug hielt. Es war früher Vormittag und die Sonne begann erst, ihre Kraft zu entfalten. An manchen schattigen Stellen war noch der Morgentau zu sehen, Kiebitze flogen durch die Luft auf der Jagd nach Insekten. Nachdem die Hunde sich ihre erste Energie vom Leibe gerannt hatten, begannen sie nun nach und nach, ihre Umgebung zu erkunden. Sie schnupperten, wer dort überall in der Nacht den Weg gekreuzt hatte. Womöglich war auch der eine oder andere Wolf dabei. Doch alle Hunde blieben in unserer Nähe, auch Nero. Wir gingen noch ein Stück weiter den Weg entlang. Dann rief Frank Nero zu sich. Man sah Nero deutlich seinen Unwillen an, deswegen musste Frank nochmals mit Nachdruck rufen. Nero schaute zu Frank, blieb aber stehen. Frank rief noch ein drittes Mal. Nero schaute sich um, schaute zu den anderen Hunden, die noch überall herumliefen, tollten, schnüffelten, aber dann setzte er sich in Bewegung und ging zu Frank. In diesem Moment hatte unser Industriekapitän Tränen der Freude in den Augen. Na, geht doch!

Nur durch den veränderten Blickwinkel und die daraus resultierende Veränderung in Franks Gedanken war Nero nun bereit, ihm zu folgen. Die Beziehung der beiden hatte sich auf diese Weise innerhalb von vier Tagen verändert und zwar viel einfacher als gedacht. Und das darf auch genauso einfach sein. Frank ist

genau wie du, lieber Leser, er ist Herr seiner Gedanken, er entscheidet, was er denkt.

Ob das nachhaltig bleibt, werde ich oft gefragt. Nun, das liegt an Frank und daran, ob er nicht in seine alten Gedankenmuster zurückfällt, wenn er wieder in seiner gewohnten Umgebung lebt. Das kann passieren, muss aber nicht. Wenn Frank in Zukunft seine neue Sicht der Dinge beibehält und darauf achtet, nicht in die alten Muster zurückzufallen, durften sich die neuen Sichtweisen manifestieren. Für Frank ist diese Erkenntnis noch viel wichtiger, betrifft sie doch auch sein direktes Umfeld. Frank begann wieder, sich selbst zu hinterfragen, was für Auswirkungen sein Denken und Handeln hat. In seiner gehobenen Position findet man nur selten Menschen von außen, die einem mal einen ehrlichen Schubser geben oder den Kopf zurechtrücken. Da muss man sich öfter selbst hinterfragen. Seiner Firma ging es übrigens innerhalb weniger Monate wieder erheblich besser, wie ich von Frank in einer kurzen Nachricht erfuhr. Frank hatte sein Denken und sein Auftreten wohl nachhaltig verändert und führt nun seine Mitarbeiter wieder richtig. Und diese danken es ihm durch eine höhere Produktivität.

DAS ABENDESSEN

Es ist bereits viele Jahre her. Es war noch zu Zeiten, als die Jahreszahl eine „1" am Anfang trug. Ich hatte damals eine kleine Schar Hühner und einmal im Jahr wurden einige davon geschlachtet. Ich aß diese Hühner besonders gerne, nicht nur, weil sie so unverwechselbar besonders im Geschmack waren sondern auch, weil ich genau wusste, was für ein gutes Leben sie bis dahin hatten. Die Hühner hätten jedes Bio-Siegel und jedes Zertifikat für artgerechte Tierhaltung bekommen. Am liebsten bereitete ich sie als Grillhühnchen zu, mit Pommes Frites als Beilage. Und wie sehr ich Pommes liebe, das schrieb ich schon an anderer Stelle. So war es wieder ein Tag, an dem ich eines dieser Hühner für mich zubereitete. Ich grillte es, und in der Fritteuse schwammen die Pommes Frites im Öl. Anschließend drapierte ich alles auf einem Teller, in einer kleinen Schüssel daneben die Pommes. Natürlich fehlte weder Mayonnaise noch Ketchup. Ich stellte den Teller auf einen Tisch, der an einem Sofa stand. Ich setze mich, um mit dem Essen zu beginnen. Das war der Zeitpunkt, an dem ich zwei Zuschauer bekam. Zu meiner Rechten die Schäferhündin Lea. Sie war zu diesem Zeitpunkt schon viele Jahre alt, wie viele genau, wusste ich gar nicht, aber sie war eine richtige Seniorin. Und links saß der Kater Caesar, grau-schwarz getigert und ausgerüstet mit einem enormen Willen. Die beiden saßen also links und rechts von mir und sahen mir beim Essen zu. Nebenbei hörte ich wunderbare Musik, natürlich laut, nicht zu laut, aber angenehm laut. Alles war gut. Das Essen schmeckte. Doch dann zerriss etwas dieses wunderbare Szenario. Drrriiiingggg! Es klingelte an der Tür. Erwartet habe ich niemanden. Und so stand ich auf, verließ das Zimmer, um durch den Flur Richtung Hauseingangstür zu gehen. Ich weiß heute nicht mehr, wer dort vor der Tür stand. Aber es war einer dieser Besucher, die kein Mensch braucht. Es waren die Zeugen Jehovas oder ein Staubsaugervertreter oder irgendwie sowas in der Art. Ich weiß nur noch, dass ich auf dem Weg zurück durch den Flur zu meinem Essen bei mir dachte, wie überflüssig das Aufstehen und Zur-Tür-gehen gewesen sei. Im Esszimmer wieder angekommen saßen sowohl Caesar als auch Lea noch immer auf dem Sofa. Auf dem Tisch stand noch immer der Teller. Aber es war etwas anders als vorher. Der Teller war leer. Ich dachte, ich sehe nicht richtig. Das ganze Hühnchen war weg. Und aus der Schale mit den Pommes war auch die eine oder andere herausgefischt worden. Ich schaute auf Lea und Caesar. Sie rührten sich nicht. Sie saßen dort wie eine Statue. Ich ging die paar Schritte zum Sofa, auf dem die beiden noch immer saßen. Ich schaute auf das Maul von Lea. Links lugte unter der Lefze ein Knochen eines Hühnerbeines hervor. Aber sie kaute nicht, und sie schluckte auch nicht. Sie saß noch immer dort wie erstarrt. Ich schaute auf den Kater Caesar. Aus seinem kleinen Maul hing zur Rechten noch ein Stück Haut von dem Huhn heraus. Auch er rührte sich genauso wenig wie Lea. Es war ein so skurriles Szenario und ich war so perplex und überrascht, dass ich nicht geschimpft habe. Alle, die mich näher kennen, die wissen, wie gerne ich esse, und wie gerne ich auch genau ein solches Menü esse. Und wie wichtig es mir ist. Und dass ich sowas auch schon mal mit Messer und Gabel verteidigen würde. Aber das Ganze mit den beiden war so süß auf ihre ganz eigene Art und Weise, dass ich nicht geschimpft habe. Ich setzte mich auf die andere Seite des Tisches, also den beiden gegenüber, die auf dem Sofa saßen. Und ich schaute die beiden an. Sie rührten sich nicht. Sie bewegten sich nicht. Sie kauten nicht. Sie schluckten nicht. Und so blieb ich den beiden gegenüber sitzen. Irgendwann, so nach 2 bis 3 Minuten, schielte Lea zu dem Kater rüber. Der Kater bekam das mit und schielte seinerseits zu Lea rüber. Man könnte als Mensch interpretieren, dass die beiden sich in dem Moment gefragt haben, was sie jetzt wohl tun sollten. Und dann, und ich bin mir absolut sicher, dass diese Blicke zwischen den beiden, die sie gewechselt haben, genau das abgesprochen haben: sie sprangen wie auf Kommando vom Sofa herunter und rannten gemeinsam aus dem Zimmer. Ich konnte sehen, wie beide im Laufen noch anfingen zu kauen, untermalt von dem Knurpsen der Knochen. Ich setzte mich auf das Sofa, machte es mir bequem und lauschte der Musik. Etwas später schob ich eine tiefgekühlte Pizza in den Ofen für mich als Abendessen. Weder Lea noch Caesar habe ich an dem Abend nochmals gesehen.

Ja, ich weiß, dass Hunde keine erhitzten Knochen haben sollen. Und deswegen weise ich nochmal explizit darauf hin, dass ihr euren Hunden niemals Knochen geben dürft, die erhitzt wurden. Denn diese können splittern und dann schwere Schäden im Verdauungstrakt hervorrufen.

DIE GESCHICHTE VON MEINEM VATER UND SEINEM HUND CORA

Ich saß mit meinen Eltern in einem Café im Osnabrücker Zoo. Es sollte der letzte Ausflug mit meinem Vater sein. Doch das wusste ich zu dem Zeitpunkt noch nicht. Mein Vater war gezeichnet von Diabetes, Demenz und Alzheimer. Meinen Namen wusste er oft nicht mehr oder nannte mich einfach so, wie er es gerade in dem Moment für richtig hielt oder er dachte, wie ich heißen würde. Manchmal musste man ihn daran erinnern, dass er kauen musste. Sonst hätte er das aufgrund seiner Erkrankungen vergessen. Er saß in einem Rollstuhl, da er Jahre zuvor ein Bein verloren hatte. Und so saßen wir in diesem Café im Osnabrücker Zoo an einem runden Tisch, zwei Stühle, ein Rollstuhl, aßen Kuchen und schauten nach draußen. Ich hatte extra einen Tisch am Fenster ausgesucht, auf den die sommerliche Sonne etwas schien, nur so viel, dass wir sie ein wenig auf unserer Haut spüren konnten. Wir schauten nach den Menschen, die auf dem asphaltierten Weg vorbeigingen. Im Osnabrücker Zoo sind Hunde erlaubt, und so hatten viele Besucher ihre Hunde dabei. Ich tat neben dem Essen des Kuchens das, was ich schon des Öfteren getan hatte, wenn wir zusammen saßen: Ich erzählte meinen Eltern, was die Hunde, die die Besucher mitführten, ihren Menschen gerade sagten. Deswegen auch der Platz am Fenster. Es war immer lustig für sie, und sie hatten Spaß daran. Während ich noch dabei war, irgendwie zu übersetzen, was in diesem Moment eine Art Presswurst auf vier kurzen Beinen mit einem Dackelkopf über seinen Menschen denkt, der mit all seiner zur Verfügung stehenden Kraft fast schon verzweifelt versuchte, ihn nach rechts ins Gebüsch unter die Rhododendren zu ziehen, tauchte schon ein braun-weißer Jagdhundmischling auf. Dieser wurde geführt von einem kräftigen, groß gewachsenen Mann mit leichtem Bierbauchansatz, blauer Trainingsjacke, Goldkette und falsch herum aufgesetzter Baseballkappe. Aber um ehrlich zu sein, eigentlich führte dieser braun-weiße Jagdhundmischling seinen Menschen, diesen Mann. Und sein Mensch folgte ihm brav in jede Richtung, in die dieser Hund wollte. Wenn der Hund stehen blieb, so blieb auch der Mensch sofort ganz brav stehen. Der Hund hatte seinen Menschen gut erzogen. Erfolgreich hatte dieser Hund ganze Arbeit geleistet. Die anderen Besucher machten nicht so einen glücklichen Eindruck wie dieser Hund, denn sie mussten immer wieder um den Mann und seinen Hund herumgehen. Oder sie mussten abrupt stoppen, weil ihnen der Hund vor die Füße rannte. Der Mann nahm das offensichtlich gar nicht wahr. Er war es wohl gewohnt und hatte sich mit diesem Verhalten seines Hundes abgefunden. Er kommentierte das nicht einmal mehr gegenüber den anderen Besuchern, die von den beiden belästigt wurden.

Und dann geschah etwas, das nur noch sehr selten geschah: Mein Vater hatte wieder einen lichten Moment, er konnte klar denken. Er sah diesen braun-weißen Jagdhundmischling, und es kam eine Erinnerung aus seiner Kindheit hoch. Er begann eine Geschichte zu erzählen, die ich schon oft von ihm gehört hatte. Aber das machte mir nichts aus, war es doch schön, ihn wieder ganze, vollständige Sätze reden zu hören, auch in der Gewissheit, dass es nur wenige Minuten anhalten würde. Meiner Mutter und mir wurde schon nach wenigen Worten meines Vaters bewusst, dass er einen klaren Moment hatte. Wir schwiegen, pausierten mit dem Essen unseres Kuchens und hörten ihm zu.

Er erzählte, wie er als 13-jähriger mit seinem älteren Pflegebruder (und über die kommenden Jahrzehnte besten Freund) Günther ein Gewehr fand. Es war direkt nach dem Krieg, Herbst/Winter 1945 und Frühjahr 1946. Das Gewehr war das eines Scharfschützen, ein langes Gewehr. Wenn sie es auf die Schaftkappe stellten, war die Mündung über ihren Köpfen. Und sie fanden Munition dabei. Eine Ausbildung zur Bedienung eines Gewehres hatten die beiden bei der Hitlerjugend bekommen. Sie wussten mit diesem Gewehr umzugehen. Sie konnten es bedienen, pflegen und damit zielen und auch treffen. Dieses Gewehr hatte eine große Reichweite: Sie konnten damit auf 500 bis 700 Meter Entfernung einen ausgewachsenen Hirsch erlegen. Das bedeutete für sie damals, einige Tage keinen Hunger zu haben, einige Tage leckeres Fleisch essen zu können oder etwas zum Tauschen zu haben. Sie lebten zwar auf dem Lande, dennoch waren die Nahrungsmittel durch die Folgen des Krieges auch für sie sehr knapp. Und so gingen die beiden Heranwachsenden immer mal wieder auf die Jagd. Zwei Dinge erleichterten ihnen die Jagd: Zum einen dieses Gewehr, das so präzise auf so große Entfernungen treffen konnte, und zum anderen der braun-weiße Jagdhund Cora. Cora gehörte als Hofhund zu der Pflegefamilie und war der ständige Begleiter und Seelentröster meines Vaters während seiner Kindheit. Cora half ihnen nun dabei, Jagdbeute zu finden. Ich fragte einmal meinen Vater, wie Cora das gemacht habe, und wie sie ihr das alles beigebracht hätten. Mein Vater berichtete mir, dass Cora schon wusste, was sie suchen musste. Sie lief voraus, er und Günter liefen hinterher. Irgendwann war es dann soweit: Cora verharrte auf einmal. Sie blieb stehen und schaute in eine Richtung, als wenn sie etwas nicht aus den Augen lassen wollte. Und in dieser Richtung fand sich dann immer etwas Jagdbares. Manches Mal nur 30 bis 40 Meter, manchmal aber auch einige hundert Meter entfernt. Ich fragte ihn mal, wie sie Cora beigebracht hatten, zu wissen, was für sie zur Jagd geeignet war. Mein Vater schaute mich damals irritiert an. „Gar nicht", antwortete er mir mit einem leichten Kopfschütteln. Cora hatte bei den ersten Ausflügen mitbekommen, auf was nach dem Anzeigen geschossen wurde, welche Tiere sie nach Hause gebracht hatten und welche nicht. Und nachdem sie dann drei bis viermal unterwegs gewesen waren, zeigte Cora nur noch das an, was mein Vater und sein Pflegebruder bei einem der vorigen Ausflüge schon erlegt hatten. So wusste Cora, was sie anzeigen musste. Natürlich bekam sie nach der Jagd auch ihren Anteil der Beute. So einfach kann das sein, dachte ich damals: Keine komplizierten Konditionierungsmethoden. Cora hatte einfach nur mitgedacht, zum Wohle des Rudels und zum Wohle aller. Und so trug sie ihren Anteil dazu bei, das Überleben meines Vaters und seiner Pflegefamilie zu sichern.

Mit meiner Brenda bin ich im Grunde genommen ähnlich vorgegangen. Ich hatte sie damals nach der Prämisse ausgesucht, dass sie mir anzeigen sollte, wie der Hund des Kunden „drauf" ist, welche Emotionen und Intentionen er zeigte, wie stark sein Wille, seine mentale Stärke war und wie sehr er bereit war, dagegen zu halten oder mitzuarbeiten. Das kann ein Hund viel präziser und schneller anzeigen, als es ein Mensch je sehen wird. Oft wurde ich gefragt, wie ich Brenda dies beigebracht hätte. Ich habe es ihr nicht wirklich beigebracht. Sie hat einfach nur darauf geschaut, was mir wichtig war. Sie hat mich gelesen, meine Körpersprache, meine Mimik, meine Reaktionen und daraus die richtigen Rückschlüsse gezogen. Und das macht so ziemlich jeder Hund, wenn er eine entsprechend tragfähige und innige Beziehung zu seinem Menschen hat. Wenn sein Mensch ihm wichtig ist. Wenn nicht der Hund im Mittelpunkt des Denkens und Handelns steht, sondern das gemeinsame Interesse, das gemeinsame Ziel.

MAL EBEN SCHNELL GEHOLFEN

EIN VERSPRECHEN AUF BEWEGUNG

Tim, ein junger, kräftiger Mann aus unserer Region, wandte sich eines Tages an uns. Er hatte eine junge Frau an seiner Seite und eine handwerkliche Meisterprüfung frisch bestanden. Das Leben lag vor ihnen, präsentiert auf einem roten Teppich. Die Lebensplanung stand. Zum großen Glück fehlte nur noch der Hund. Und dieses Glück zog mit Wotan ein, einem Sennenhund. Lange hielten das Glück und die Freude nicht an. Wotan erwies sich als lebenslustiger, neugieriger und die Welt erkundender Junghund. Meine Beschreibung wäre vermutlich „regelloses, unausgelastetes Energiebündel" gewesen. Zu diesem Zeitpunkt war Wotan anderthalb Jahre jung, und Tim hatte mit ihm massive Probleme. Wotan gestaltete die Wohnungseinrichtung nicht nur um, nein, er zerstörte sie regelrecht. Er riss die Tapeten in kleinen Streifen vom Boden Richtung Decke ab und kratzte den Putz von den Wänden bis auf das Mauerwerk. Das verlegte Laminat wurde ebenso Opfer seiner Krallen, wie die Türzargen. Spaziergänge, schon kleine Gassirunden, wurden zu einer Tortur. Unter größter körperlicher Anstrengung fand Tauziehen an der Leine statt, sobald Wotan auch nur den Eindruck hatte, es könnte ein anderer Hund in der Nähe sein. Dann zog er mit all seiner zur Verfügung stehenden Kraft und Energie in Richtung des anderen Hundes, oder zumindest dahin, wo er ihn vermutete. Sobald dieser andere Hund auch nur in Sichtweite war, lief Wotan nur noch auf den Hinterbeinen in Richtung des anderen Hundes. Er zerrte seine Menschen hinter sich her, die die Leine mit beiden Händen fest umschlungen hielten, damit Wotan die Balance auf den beiden Hinterbeinen nicht verlor. Aufrecht auf den Hinterbeinen stehend, war Wotans Kopf in Höhe des Kopfes von Tim und seiner Frau. Anfangs dachten sie, als Wotan zu ihnen kam, dass sie schon damit fertig werden würden. Aber sie merkten schnell, dass Wotan sie an ihre Grenzen brachte. Und so wandten sie sich an eine Hundeschule in unserer Region. Dort brachte man Wotan bei, sich auf Kommando hinzusetzen, sich hinzulegen, zu seinen Menschen zu kommen, und an der Seite von Tim zu gehen. Wie Tim und seine Frau mir berichteten, lernte Wotan das alles auch sehr schnell. Nach zwei, höchstens drei Besuchen der Hundeschule kannte Wotan all diese Kommandos. Er war also im Grunde erzogen. Und dann kam ein Satz von Tim, den ich nun schon so oft während meiner Tätigkeit als Mentalcoach gehört habe: „Nach diesen drei Wochen klappte auf dem dortigen Platz alles gut, aber sobald wir den Hundeplatz verlassen hatten, ging nichts mehr. Und das blieb die folgenden Wochen und Monate so." Eine typische Aussage von Hundehaltern, bei denen eine Symptombehandlung vorgenommen wurde, statt die Ursachen für das Verhalten des Hundes zu suchen.

Tim und seine Frau wandten sich vertrauensvoll an eine Tierärztin in ihrem Ort, die auch den Sachkundenachweis für Hundehalter abnimmt. Dort, so dachten sie sich, bekämen sie fachkundigen Rat und wären in guten Händen.

Die Tierärztin gab Tim den Rat, einen Duftzerstäuber zu kaufen, der den Geruch einer säugenden Hündin abgibt. Dieser Duftzerstäuber kostete 178 €. Und für das Problem mit den anderen Hunden sah die Tierärztin organische Gründe. Dazu erstellte sie ein großes Blutbild. Das kostete 160 €. Nachdem dieses Blutbild nicht das gewünschte Ergebnis brachte, da alle Werte normal waren, erstellte sie erneut ein großes Blutbild für weitere 160 €, das auch kein anderes Ergebnis brachte. Tim zeigte mir alle Belege. Er hatte von vornherein Zweifel an diesen Blutbildern, weil er seinen Hund als absolut gesund empfand. Aber wenn ihm eine Expertin, eine Tierärztin, die den Sachkundenachweis für Hundehalter abnimmt, so etwas schon vorschlug, was soll er dann tun? Wenn er der Tierärztin nicht vertraute, warum sollte er dann zu ihr gehen? Um es abzukürzen, alle drei Investitionen brachten nicht ansatzweise eine Verbesserung von Wotans Verhalten. Bis zu diesem Zeitpunkt hatte Tim nun knapp 500 Euro ausgegeben, ohne auch nur einen Millimeter weiter gekommen zu sein. Der Hund nahm nach wie vor die Wohnung auseinander, kratzte mittlerweile den Putz von den Wänden und arbeitete sich daran ab, das Laminat aufzuhebeln. Andere Hunde waren nach wie vor ein enormer Reiz für diesen Sennenhund. (Noch ein Wort zu den oben erwähnten Duftzerstäubern: Ich weiß, dass sie in manchen Fällen sehr gut helfen können, aber auch nur dann, wenn die Ursache beim Hund liegt und nicht beim Menschen oder an der Haltung allgemein. Womöglich könnten hier andere Düfte helfen, aber sicherlich nicht der einer säugenden Hündin.)

Dann kam Tim mit seiner Frau im Rahmen eines kostenlosen Vorgesprächs zu uns. Er erzählte mir von den letzten anderthalb Jahren mit Wotan. Er erzählte mir all die Dinge, die ich bis hierhin beschrieben habe. Ich hörte ihm genau zu. Nachdem Tim mir alles berichtet hatte, holte ich meine Brenda dazu. Sie sollte mir anzeigen, was Wotans Intention war, wenn er auf andere Hunde traf. Es war schon sehr eindeutig zu sehen, auch ohne dass Brenda es anzeigte, dass Wotan rennen, toben und raufen wollte. Die anderen Hunde waren für Wotan sozusagen eine Art Versprechen auf Bewegung, auf das Rennen, Toben und Raufen. Ich gab Tim den Rat, mit Wotan Fahrrad zu fahren. Er nahm ihn dankend an, zumal er gerne Fahrrad fährt und sich schon seit Monaten darauf gefreut hatte, das mit seinem Hund zu tun. Doch die Tierärztin und die vorige Hundeschule hätten ihm dies verboten.

Und innerhalb von zwei Wochen war das Zerstören der Inneneinrichtung des Hauses vorbei. Auch der Drang des Sennenhundes, nach anderen Hunden zu streben, nahm spürbar ab. Kostenpunkt für unseren Rat an Tim: Nullkommanix! Denn die Ursache für das Verhalten des Hundes war die mangelnde körperliche Bewegung, wie sich in dem Gespräch ergab. Anschließend nahm Tim mit seiner mittlerweile schwangeren Frau noch ein paar Stunden bei uns, damit beide mehr Übung darin bekamen, Wotan sicherer durch alle Situationen des Alltags zu führen. Da Wotan vom Grundsatz her ein fügsamer Hund war, war auch das kein Problem. Eine unserer Trainerinnen übernahm diese Aufgabe. Und noch heute läuft diese junge Familie glücklich und entspannt mit Wotan durch Otterndorf. Andere Hunde sind kein Thema mehr, denn das Versprechen auf Bewegung erfüllen ihm jetzt Tim und seine Frau.

IM AUTO BLEIBEN

Hunde sind hoch sensible Wesen und nehmen ihr Umfeld äußerst bewusst wahr. Ein Hund reagiert direkt auf jedes noch so unbewusste Detail in Verhalten, Körpersprache und Ausstrahlung. Er dient damit als klarer, direkter Spiegel der persönlichen Wirkung „seines Menschen" in Bezug auf eindeutige Kommunikation, authentisches Auftreten und natürliche, geistige Autorität.

Als Rudeltier sucht der Hund Führung im Sinne einer Balance von Respekt und Vertrauen. Er folgt daher auch dem Menschen, wenn dieser sich durch Glaubwürdigkeit, Selbstvertrauen und Zielbewusstsein auszeichnet – Eigenschaften und Werte, die als Basis erfolgreicher Führung auf den persönlichen Kontext übertragbar sind.

Hunde kennen keine Rollenspiele. Für sie ist die aktuelle Situation immer die Realität. Sie entlarven die menschliche Widersprüchlichkeit und zeigen uns unverstellt, wie wenig glaubwürdig oder überzeugend wir oft gerade dann wirken, wenn wir uns für besonders bestimmt und entschlossen halten.

Mit diesem Wissen kann jeder Hundebesitzer das eigene Verhaltens- und Handlungsrepertoire sofort weiterentwickeln, um es künftig bewusster und damit wirksamer einzusetzen. Jede Veränderung an dir führt sofort zu einer Veränderung und damit zu einer Rückmeldung von deinem Hund.

Eines Tages fuhr Andreas bei mir auf den Hof. Ich war mit ihm verabredet, denn er hatte sich zu einem Wochenseminar angemeldet. In den meisten Fällen weiß ich bereits im Vorfeld, warum die Menschen mit ihren Hunden zu mir kommen. Das war hier anders. Andreas hatte vorher nichts preisgegeben. Er fuhr auf den Hof, als gerade eine Gruppenstunde stattfand. Und so stand der Hof voller Fahrzeuge. Die Trainerin führte just in dem Augenblick eine Übung durch, bei der die Hunde der Teilnehmer während ihrer Pause bei geöffneten Fahrzeugen in den Autos verweilen mussten. Und so fuhr Andreas auf den Hof, blieb stehen und sah sich umzingelt von Autos, die alle mindestens eine Tür oder Heckklappe geöffnet hatten, und von Hunden, die in diesen Fahrzeugen brav warteten. Ich winkte ihm zu, und er hob die Hand zum Gruß zurück. Ich ging zu seinem Auto, und er kurbelte die Fensterscheibe herunter. Ohne mich zu grüßen, sprach Andreas gleich drauflos. „Genau deswegen bin ich hier. Ich habe das in deinem Buch gelesen, da hast du beschrieben, dass deine Hunde in deinem Auto bleiben, selbst wenn du weit entfernt bist. Und genau deswegen bin ich hier. Das will ich auch. Als ich das in deinem Buch gelesen habe, hielt ich das für maßlose Übertreibung und dachte: Das kann nicht!" „Gut", antwortete ich, „stell mal dein Auto dort an die Seite, da ist ein Parkplatz für dich, und in fünfzehn Minuten kann dein Hund das auch." „Im Leben nicht!" entgegnete er. „Ich habe einen Herdenschutzhund. Das schaffen wir im Leben nicht in 15 Minuten." „Okay, das sehe ich jetzt mal als eine Herausforderung. Und ich mag Herausforderungen. Wenn dein Hund in 15 Minuten in deinem geöffneten Auto sitzt und du da drüben auf der 10 m entfernten Bank, und wenn dein Hund nicht rausspringt, verdoppelt sich mein Honorar für diese Woche! Ansonsten arbeite ich diese Woche für dich kostenlos. Einverstanden?" Ich hielt ihm meine Hand hin zum Einschlagen. Andreas schaute mich mit großen Augen an, und seine Hand zuckte. Er war wirklich drauf und dran einzuschlagen. Aber irgendwie traute er sich nicht. Ich machte wohl einen zu selbstsicheren Eindruck. Er ging auf mein Angebot nicht weiter ein, sondern stieg aus. Wir stellten uns kurz vor und redeten miteinander. Ich schaute dabei auf die Uhr. Es war jetzt genau 11 Uhr. Ich bat Andreas nochmals, auf dem für ihn frei gehaltenen Platz auf dem Hof zu parken. Er fuhr sein Auto hin und stieg dann wieder aus. Wir gingen zur Heckklappe. Er fuhr einen kleinen, schwarzen Lieferwagen. Andreas schaute mich gespannt an, und ich sagte zu ihm: „Du öffnest nun die Heckklappe und zwar so, wie man eine Tür öffnet: Ohne zu zögern, ohne Zweifel oder sonst etwas. Du öffnest die Heckklappe und ziehst sie hoch nach oben. Dabei sagst du zu deinem Hund, dass er im Auto bleiben soll und schaust ihn dabei an. Du hast vor deinem geistigen Auge, dass dein Hund im Auto bleibt. Und er wird dort bleiben. Was er dort tut, das ist uns egal. Wenn er möchte, kann er stehen, sitzen, liegen oder mit der rechten Hinterpfote eine Flasche Bier aufmachen. Das spielt keine Rolle. Wichtig ist nur, dass er da drin bleibt. Alles klar? Dann öffne jetzt die Klappe!" „Nein", entgegnete er mir, „nichts ist klar. Der bleibt da nicht drin. Du hast ihn ja noch nicht mal gesehen!" „Ich brauche ihn nicht zu sehen, wofür auch? Alles, was dein Hund nun tun soll, ist nichts zu tun. Nicht mehr, aber auch nicht weniger. Und nichts tun kann dein Hund bereits. Dazu muss ich ihn nicht sehen. Das kann jeder Hund. Du möchtest jetzt, dass er etwas tut, was er wunderbar kann: Nichts tun. Deswegen gehst du jetzt zur Heckklappe, öffnest diese, wie man eine Heckklappe eben öffnet, sagst ihm, dass er im Auto bleiben soll und hast vor deinem geistigen Auge nur, dass er im Auto bleibt." Ich sah ihm seine Verwirrung und auch seine Zweifel an. Er ging langsam und vorsichtig zur Heckklappe. Ich stoppte ihn und holte ihn wieder zurück. „Mit diesen ersten Schritten zeigst du schon deinem Hund an, dass du unsicher und voller Zweifel bist. So wird das nichts. Du gehst jetzt wieder zu der Heckklappe, und zwar so, wie man zu einem Auto geht: zügig und zielstrebig. Und dann öffnest du die Heckklappe." Andreas ging wieder zur Heckklappe seines Fahrzeuges. Er öffnete sie, aber nur wenige Zentimeter, und dann fing er schon an zu sprechen. Ich unterbrach ihn und bat ihn, die Heckklappe wieder zu schließen. „So öffnet man doch keine Heckklappe. Es war dir doch schon anzumerken, dass du Angst davor hast, dass dein Hund jeden Moment herausspringt. Dabei ist doch klar, dass er im Auto bleibt, nicht wahr? Dein Hund bleibt im Auto, weil du es ihm sagst. Und das muss er nicht lernen, weil er nichts tun schon kann." „Ja, aber wenn ich die Heckklappe öffne, dann springt er heraus." „Nein, das tut er nicht, weil du es ihm sagst." Er ging wieder zur Heckklappe, zügig und zielstrebig, schaute schon durch das Fenster hindurch auf seinen Hund, der dort saß, und während er die Heckklappe öffnete, sagte er zu seinem Hund, dass dieser dort zu bleiben hat. Und dann war die Heckklappe offen, der Hund stand im Heck des Fahrzeuges und schaute Andreas an. Ansonsten rührte er sich nicht. Ich kann das überraschte Gesicht von Andreas nicht beschreiben, lieber Leser, das musst du dir nun selbst vorstellen. Der Hund blieb im Auto. Andreas schaute kurz zu mir herüber und sagte zu mir: „Das gibt's doch gar nicht. Das hat er ja noch nie gemacht! Unglaublich" strahlte Andreas, „der bleibt im Auto. Aber mit Sicherheit nicht mehr, wenn ich weggehe." „Doch", sagte ich zu ihm „auch dann wird er das tun. Gehe einfach mal drei Schritte rückwärts." Andreas ging drei Schritte rückwärts, und sein Hund blieb im Auto. Er legte beide Hände flach auf den Kopf. „Das glaube ich jetzt nicht!" „Soll ich dich kneifen, damit du merkst, dass du wach bist?" fragte ich ihn. Er wandte sich wieder mir zu „Und der bleibt jetzt auch im Auto, wenn ein anderer Hund hier vorbeiläuft?" „Andreas, schau' dich doch mal um, ich sehe hier in den geöffneten Fahrzeugen auf den ersten Blick sieben andere Hunde. Dein Hund weiß längst, dass diese Hunde in seiner direkten Umgebung sind. Und dennoch bleibt er drin, nur weil du es ihm sagst. Aus keinem anderen Grund." „Unglaublich! Echt irre! Und wenn ich noch weiter weggehe?" „Dann geh noch ein paar Schritte weg, gerne auch zu der Bank da vorne." Er ging die paar Meter dorthin. Und während er sich abwandte, begann sein Hund, sich im Auto zu bewegen, um mitzubekommen, wohin Andreas denn ging. Sofort bekam Andreas Angst, dass sein Hund aus dem Auto springen könnte. Er drehte sich blitzartig um und rannte zu seinem Auto, um seinen Hund daran zu hindern. „Andreas", sagte ich zu ihm, „beim nächsten Mal siehst du einfach nur über deine Schulter deinen Hund an und sagst ihm nochmals, dass er im Auto zu warten hat. Du springst nicht wieder zurück zu deinem Auto, sondern gehst dann weiter. Und jetzt gehen wir beide wieder zu der Bank." Wir gingen los. Ich konnte Andreas anmerken, wie er die Ohren spitzte, um seinen Hund zu hören, ohne jedoch seinen Kopf zu drehen. Der Schotter knirschte unter unseren Schuhen, während wir Schritt für Schritt weiter stolz und aufrecht zur Bank gingen. Dort angekommen sagte ich zu Andreas, dass wir uns hier hinsetzen. Und so saßen Andreas und ich auf der Bank und sein Hund im Auto. „Unglaublich" wiederholte er, „Unglaublich. Wahnsinn!" Ich fragte ihn, ob er tatsächlich nur dafür aus dem Saarland zu uns in den Norden angereist sei. Er bestätigte das. Nur aus diesem Grund. Das wäre für ihn sehr wichtig, dass sein Hund zuverlässig in einem offenen Auto sitzen würde, denn dann könnte er ihn im Grunde genommen fast den ganzen Tag bei sich haben. So, wie er sich das gewünscht hatte, als er den Hund bei sich aufnahm. Der Hund, ein Herdenschutzhund, kam im Alter von anderthalb Jahren aus einer Tiernothilfe zu ihm. Ein liebes Tier, so fand er, und auch ich kann im Nachhinein nichts anderes über ihn sagen. „Und wenn jetzt ein Hund hier über den Hof rennt?" „Was soll dann sein?" fragte ich ihn, „dann bleibt er auch im Auto." „Im Leben nicht!" antwortete er mir. Ich holte Brenda und rief sie quer über den Hof ab. Sobald Andreas' Hund meinen Hund sah, wurde er natürlich neugierig und musste sich nun bewegen, um ihn im Blick zu behalten. Sofort war Andreas in Alarmbereitschaft. Er wollte schon losrennen, doch ich konnte ihn stoppen und dazu bewegen, sich wieder hinzusetzen und seinem Hund einfach nur auf diese Distanz zu sagen, dass er im Auto bleiben solle. Er war zwar skeptisch, folgte aber meinen Anweisungen. Andreas setzte sich wieder hin und sagte mit eindringlicher Stimme zu seinem Hund, dass er im Auto bleiben solle. Und natürlich tat sein Hund das. Ich ging mit meinem Hund wieder zurück zu Andreas auf der Bank und schaute auf die Uhr. 11:09 Uhr. „Neun Minuten", sagte ich zu ihm. „Du weißt, was das bedeutet?" Er lachte mich an und sagte: „Gut, dass ich auf die Wette nicht eingegangen bin." „Ja, Andreas, aber du hattest mir gesagt, dass es dir nur darum ginge, dass dein Hund zuverlässig im Auto bleibt. Das haben wir jetzt geschafft. Was machen wir die restlichen Stunden, die du gebucht hast? Denn das hätten wir auch durch eine Videokonferenz hinbekommen. Dazu hättest du keine 600 km fahren müssen." Wir lachten beide. „Dann hätte ich dich aber nicht persönlich kennengelernt!"

Wie gelang es in der kurzen Zeit, dass der Herdenschutzhund im Auto blieb? Weil ich mit meinen Worten kleinste Veränderungen im Denken von Andreas vorgenommen hatte, die sofort zu einer Verhaltensänderung des Hundes führten. Aber sei nicht enttäuscht, lieber Leser, wenn du diese Vorgehensweise mit deinem Hund nachmachst und es nicht funktioniert.

CINDY HAT VERSTANDEN

Für die Behebung mancher Ursachen ist es hilfreich, einen Ausflug zu unternehmen, eine Wanderung durch die Natur beispielsweise. Und es gibt viel Natur um uns herum: Deich, Wattenmeer, Moor, Wald und kilometerlange Weiden. Je nach Wetterlage und Vorlieben kann man sich das passende Ausflugsziel heraussuchen.

Auf diesen Ausflügen sind dann in der Regel die Hunde nicht an der Leine, sie laufen um uns herum. So sind wir mit zwei oder drei Menschen unterwegs und mit manchmal sechs, sieben dazugehörenden Hunden. Natürlich gelten die grundsätzlichen Regeln, wie z.B., dass die Hunde auf dem Weg zu bleiben haben und dass natürlich nicht gejagt wird. Auf diesen Ausflügen kommt früher oder später die Aussage an mich: „Dein Hund jagt da vorne gerade!". Das ist immer der Moment, an dem die Menschen entdecken, dass meine Brenda auf der Jagd nach Mäusen ist, dass sie am Wegesrand ihre Nase teilweise in tiefe Löcher steckt und hektisch sucht. Oder mit einem „Mäuschensprung" über ein oder zwei Meter eine Maus erjagen möchte. Ja, es ist richtig, meine Brenda wie auch meine Wolke jagen. Sie wissen aber, was sie jagen dürfen und was nicht. Mäuse und Ratten dürfen sie jagen, denn wir wohnen sehr ländlich. In jedem Herbst und Winter kommen die pelzigen Nagetiere aus den umliegenden Feldern und Wäldern auch zu uns an den Hof. Hier sind sie in den verschiedenen Nebengebäuden vor den Auswirkungen des Wetters im Herbst und Winter besser geschützt. Da wir eine kleine Pferdehaltung haben, finden sie natürlich auch immer wieder das eine oder andere Körnchen Getreide, das runtergefallen ist. Das dient ihnen als Nahrungsgrundlage, quasi als eine Art Drive-in, nur ohne Bestellung. Wir selber könnten ja noch damit leben, wenn sie nur hinter uns aufräumen würden, doch gerade Ratten tun dies leider nicht. Sie buddeln Gänge, höhlen den Boden aus, nagen sich durch Holztüren und Fenster, untergraben Fundamente, um in den Wohnbereich zu gelangen. Es ist kein schönes Gefühl, wenn man Nachts aufwacht und bemerkt, dass gerade ein paar Ratten das Schlafzimmer durchsuchen. Aus diesen Gründen möchten wir die Anzahl der Ratten und Mäuse klein halten und haben kein Problem damit, dass unsere Hunde genau diese jagen. Die Alternative wäre, Rattengift auszulegen, wovon wir lieber absehen möchten. Die Hunde jagen nur diese Nagetiere, sonst nichts. Sie kennen und befolgen unsere Regeln.

Diese Vorgehensweise, zuerst das Grundsätzliche zu erklären und dann die Ausnahmen, ist eine übliche Vorgehensweise in der Wirtschaft, auch beim Militär, der Feuerwehr, im Straßenverkehr und sicherlich in vielen weiteren Bereichen. Dann erst, wenn die Grundsätze verstanden und akzeptiert sind, können Ausnahmen und Privilegien gewährt werden - aber eben erst dann.

„Schau mal, dein Hund jagt ja Mäuse", erzählte mir Markus, Mitte 30, mit seinem typisch süddeutschen Dialekt. Er war mit seiner Cindy bei mir, einem Münsterländer Jagdhund. Wir waren mit unseren Hunden unterwegs im Moor. Es war Frühling, und wir genossen die ersten warmen Tage des Jahres. Überall an den Bäumen und Büschen begann das Grün zu sprießen. Die ersten kleinen, gelben und blauen Blüten streckten sich der Sonne entgegen und konkurrierten um die ersten Insekten, die fast geräuschlos durch die Luft schwebten. Markus war überrascht über den weichen Boden hier, der bei jedem Schritt unter seinem Gewicht leicht nachgab. Er kannte bislang kein Moor. Dies war das erste Mal, dass er in einem Moor unterwegs war und über Torf ging. „Ja", entgegnete ich, „das tut sie." „Aber ich dachte, deine Hunde dürfen nicht jagen." „Das stimmt auch so", antwortete ich, „grundsätzlich dürfen sie nicht jagen, aber sie haben zwei Ausnahmen. Mäuse und Ratten. Die dürfen sie jagen." „Und das können sie unterscheiden?" fragte mich Markus. „Selbstverständlich können sie das unterscheiden. Die sind doch nicht dumm. Du musst es dem Hund nur in der richtigen Reihenfolge erklären. Erst die Grundsätzlichkeit: es wird nicht gejagt! Und dann kannst du Ausnahmen einführen. Das ist so, wie mit den Wegen hier im Moor: Zuerst habe ich meinen Hunden immer beigebracht, dass man grundsätzlich auf den Wegen bleibt. Und dann habe ich ihnen in bestimmten Situationen Ausnahmen, Privilegien gewährt. Aber auch innerhalb dieser Ausnahmen musste ich klar und deutlich bleiben. Denn sonst wäre es dazu gekommen, dass meine Hunde mich an jeder Hofeinfahrt, an jedem Feldweg und an jedem Eingang zu einer Weide gefragt hätten, ob sie da hindürfen. Und wenn sie mich an all diesen Stellen fragen würden, ob sie dort hindürfen oder nicht, dann hätte ich ihnen wohl irgendetwas falsch erklärt, denn dann bestehen Unklarheiten. Sonst würden sie mich ja nicht fragen." So einfach kann es im Grunde genommen sein. Ähnliches gilt für die Grundstücksgrenzen unseres Hofes. Es wäre bei uns ein riesiger Aufwand, unser Grundstück einzuzäunen, sowohl von der Arbeitszeit, als auch finanziell. 5.000 Quadratmeter Grundstück in einer länglichen Form sind nicht mal eben eingezäunt. Da war es einfacher und schneller, den Hunden zu erklären, dass sie das Grundstück nicht verlassen dürfen. Nachdem sie das verstanden hatten, gab es dann eine Ausnahme. Und das war unsere Hofeinfahrt. Sie durften das Grundstück über die Hofeinfahrt immer dann verlassen, wenn ich es ihnen erlaubte. So ist man übrigens schon seit Jahrhunderten im Zusammenleben mit Hunden vorgegangen. Erst das Grundsätzliche, dann die Ausnahmen.

„Meine Cindy darf auch Ratten, Mäuse und Maulwürfe jagen", führte Markus weiter aus. „Weiß sie denn, dass sie grundsätzlich nicht jagen darf? Oder geht sie auch ab und zu stiften, um Hasen oder andere Tiere zu jagen? Wenn ja, dann ist etwas Grundsätzliches offensichtlich noch nicht geklärt." „Wenn Cindy einen Hasen oder ein Reh sieht, dann ist sie weg, dann rennt sie los. Manchmal kann ich sie im Laufen auch noch mal stoppen, aber eben auch nur manchmal."

Und damit war dann auch schon die Ursache geklärt, warum Cindy noch immer jagen ging. Markus hatte beides gleichzeitig versucht, sowohl das grundsätzliche Verbot des Jagens als auch die Einführung erster Ausnahmen. Wie er mir später berichtete, hatte er sie immer gelobt, sobald sie eine Ratte oder einen Maulwurf gejagt hatte. Weitere mögliche Ursachen, wie mangelnde Bewegung, Respektlosigkeit und so weiter, hatten wir schon vorab geklärt, sodass diese nicht mehr in Betracht kamen.

Wir setzten unseren Spaziergang durch das Moor fort. Dabei sprachen wir noch über dieses und jenes im Zusammenhang mit Hunden. Ab sofort begann Markus Cindy zu erklären, dass nun grundsätzlich nicht mehr gejagt wird. Nachdem Cindy das verstanden hatte, konnte Markus die Ausnahmen einführen. Nach ein paar Monaten schickte uns Markus ein Foto von Cindy. Auf der Rückseite stand: Cindy hat verstanden!

ALLE AUGEN SCHAUEN, EINIGE BEOBACHTEN, DIE WENIGSTEN ERKENNEN (NACHTBLUT)

Ein junges Pärchen, Lars und Frank, Ende 20, rief mich an. Sie würden mir gerne ihren Hund vorstellen und wissen, ob wir ihnen helfen können. Ich bot den beiden an, dass wir auch telefonisch einiges klären können, da ich bei einem Telefonat schon meistens abschätzen kann, inwieweit wir helfen können. Doch Lars und Frank wollten uns gerne persönlich kennenlernen. Dazu mussten sie zwar mehrere hundert Kilometer fahren, doch das wäre es ihnen wert, waren die beiden sich einig. Ich bot den beiden ein kostenloses Vorgespräch bei einer Tasse Kaffee an und sie machten sich auf den Weg.

Bei uns angekommen nahmen Lisa und ich die drei in Empfang. Wir gingen mit ihrem hellen Golden Retriever auf die Diele. Es war Winter, trüb, dunkel, draußen regnete es und für alle, die nicht aus Norddeutschland kommen, herrschte ein schneidiger, scharfer Wind. Wir Ortsansässigen sagen dazu einfach nur: es ist windig. Noch bevor ich den beiden einen Kaffee einschenken konnte, begannen Lars und Frank uns zu erklären, warum sie uns unbedingt persönlich kennenlernen wollten. Sie hatten bereits verschiedene Hundetrainer, doch keiner konnte ihnen helfen. Sie haben bereits einige 1000 € in verschiedene Hundeschulen und Hundetrainer investiert, aber sind nicht wirklich ein Stück mit ihrem Saturn, ihrem Golden Retriever, weitergekommen. Sie haben von unserer Herangehensweise gehört. Bevor sie weiterreden konnten, wollten Lisa und ich erst einmal wissen, was denn konkret das Problem sei, um das es hier ginge. Die beiden erzählten uns, dass Saturn außerhalb des Hauses immer so nervös und aufgeregt sei. Er wollte zu allen anderen Hunden hin und würde dann fürchterlich an der Leine ziehen. Er würde den anderen Hunden nichts tun, es sei noch nie etwas passiert, höchstens mal eine kleine Rauferei. Zu Schaden sei aber noch nie etwas gekommen. Wenn kein anderer Hund in der Nähe wäre, würde er ganz toll an der Leine gehen. Zu Hause sei er ein wahrer Schatz. Nur allein bleiben, das war für Saturn ein Problem. Dann begann er nicht nur zu jaulen, sondern er begann auch, die Inneneinrichtung zu zerstören. Mittlerweile begann Saturn an seinen Pfoten zu knabbern. 20 bis 30 Minuten alleine sein waren kein Problem. Darüber hinaus begann Saturn mit den genannten Symptomen. Deswegen mussten sie ihn auch regelmäßig irgendwo unterbringen, wenn sie etwas länger weg waren. Seit kurzem begann Saturn völlig unvermittelt seine eigene Rute zu jagen und dabei im Kreis zu rennen. Er konnte auch nicht alleine im Auto bleiben, dann jaulte und quengelt er herum. Er bellte jeden Hund an, der vorbeilief. Auf der Fahrt zu uns sah er einen Hund in einem Fahrzeug, dass sie überholten. Es folgte eine minutenlange Bellattacke von Saturn. Selbst dann noch, als der Hund in dem anderen Fahrzeug schon kilometerweit weg war. Sie seien bereits bei mehreren Hundetrainern gewesen. Mal kamen die Hundetrainer zu ihnen nach Hause, mal fuhren sie zu den Hundetrainern. Mal waren sie im Gruppenunterricht integriert, und mal waren es Einzelstunden. Zwei Jahre dauerte diese Odyssee nun an.

Der erste kam zu ihnen nach Hause. Er sprach mit ihnen zwei Stunden. Sie bezahlten ihm die zwei Stunden, und der Hundetrainer teilte ihnen mit, dass der nächste Termin leider erst in 8 Wochen sei, eher hätte er keine Zeit. Da warteten die beiden die acht Wochen ab, um wenige Stunden vor dem Termin von dem Hundetrainer angerufen zu werden. Er teilte ihnen mit, dass er sich keinen Rat wusste und sie sich deswegen auch nicht zu treffen bräuchten.

Beim nächsten Hundetrainer, bei dem sie waren, wurden sie in eine Gruppe integriert. Dort sollten Sie den Hund ruhig „keksen". Wie darf man sich das vorstellen? Die anderen Teilnehmer des Gruppenunterrichts gingen an Saturn vorbei, währenddessen sollten Frank und Lars Saturn Futter hinschmeißen, damit er sich ruhig verhält. Die beiden fragten nach dem Hintergrund, nach dem Sinn dieser Aktion. Man erklärte ihnen dann in der Hundeschule, dass der Hund so lernen würde, sich ruhig zu verhalten, wenn andere Hunde in der Nähe sind. Und das sollten sie nun jeden Tag mehrfach machen. Das taten die beiden, sie nahmen sich jeden Tag zwei bis drei Stunden nur dafür Zeit. Doch nach einer Woche hatte sich das Verhalten von Saturn an der Leine bei Hundebegegnungen nicht verändert. Dafür hatte er aber zugenommen. Nach einem Monat und 2 kg Übergewicht von Saturn wechselten sie wieder die Hundeschule.

Diesmal gingen sie in den Einzelunterricht. Der Hundetrainer schaute sich das Problem an. Sie waren unterwegs in einem Park. Dort waren viele andere Hunde, und Saturn zeigte das entsprechende Verhalten an der Leine. Der Trainer sagte ihnen, sie sollen Saturn an einer Parkbank festbinden, und sich dann entfernen. Sie sollten erst wiederkommen, wenn Saturn sich beruhigt hätte. Der Hintergrund war vermutlich, dass Saturn lernen sollte, wenn er ruhig ist, dann bekommt er Aufmerksamkeit von seinen Menschen. Sicherlich hat Saturn das auch gelernt, er hat dabei aber nicht gelernt, dass er sich gar nicht erst aufregen soll.

In der nächsten Hundeschule wurde erst mal nach einem großen Blutbild gefragt. Ohne dieses große Blutbild könne man gar nichts dazu sagen. Und dieses Blutbild müsste von einem bestimmten Tierarzt ausgewertet werden, der zufälligerweise auch noch der Bruder des Hundetrainers war. Sie ließen das Blutbild von dem Tierarzt bestimmen und auswerten. Das Ergebnis war wenig überraschend. Alle Werte waren im normalen Bereich, also das, was Lars und Frank sich vorher schon gedacht hatten. Und so zog dann dieser Hundetrainer sein nächstes As aus dem Ärmel: einen Stachelwürger. Frank und Lars gehören nicht zu der zimperlichen Sorte von Mann. Aber das ging für sie gar nicht mehr. Mal ganz davon abgesehen, dass dieses Vorgehen tierschutzrelevant ist.

Und so suchten sie die nächste Hundeschule auf. Dort wurden sie in Einzelstunden von einer - wie sie selber sagten - netten Hundetrainerin betreut. Sie servierte sehr leckeren Kaffee, selbstgebackene Kekse und hatte ein höfliches, zuvorkommendes Auftreten. Dazu war sie sehr charmant. Doch alles, was ihr einfiel, um den beiden zu helfen, war eine große Box aus Plastik. Sie sollten Saturn in diese Hundetransportbox einsperren, wenn er wieder seine verrückten 5 Minuten hatte. Und erst, wenn er sich beruhigt hätte, sollten sie ihn wieder hinauslassen. Also so hatten sie sich das Zusammenleben mit Saturn nicht vorgestellt. Ihn einzusperren, wie ein Huhn in einer Legebatterie, das war nicht ihre Vorstellung davon, wie man respektvoll und vertrauensvoll miteinander umgeht.

Und so ging es weiter in die nächste Hundeschule, die den Slogan trug: „Trainieren statt Dominieren!" Die dortige Hundetrainerin nahm sich viel Zeit für die beiden. Sie lud sie extra eine halbe Stunde vor Beginn des Gruppenunterrichts ein, um in Ruhe mit ihnen sprechen zu können. Sie hörte sich an, was Lars und Frank über ihren Saturn erzählten. Dann gab sie den Rat, in Zukunft immer nur kurze Strecken zu laufen, dafür mehrmals am Tag. Das würde Saturn Sicherheit geben, denn er wäre ein sehr unsicherer Hund, und wenn er sich daran gewöhnt hat, wird er ruhiger. In dem folgenden Gruppenunterricht ging es dann speziell darum, wie man dem Hund die Leinenführigkeit beibringt. Dieser Gruppenunterricht wurde extra auf Frank und Lars abgestimmt. Die beiden fühlten sich davon sehr geehrt, obwohl Saturn bereits perfekt an der Leine ging. Es wurde also wieder versucht, Symptome am Hund weg zu trainieren, statt auf Ursachenforschung zu gehen. Sie setzten sofort die gegebenen Ratschläge der Trainerin um. Nachdem nach 4 Wochen noch keine Besserung des Verhaltens von Saturn im Zusammenhang mit anderen Hunden zu erkennen war, fragten sie die Trainerin, wann sie denn mit einer Verbesserung rechnen könnten. Frühestens in ein bis zwei Jahren, so antworte ihnen die Trainerin. Also so lange wollten sie nicht mehr warten, denn sie waren der festen Überzeugung, dass es auch anders gehen müsste. Und vor allem schneller.

Bedingt durch das Verhalten von Saturn verschlechterte sich auch die Beziehung zwischen den beiden, denn keiner hatte mehr Lust, mit Saturn zu gehen. Dadurch litt dann auch die Lebensqualität von allen dreien. So sollte es mit ihnen dreien nicht die nächsten Jahre weitergehen, bis vielleicht eine Besserung einträte.

Sie suchten die nächste Hundeschule auf. Dort stellte man die Diagnose, dass Saturn geistig nicht genug ausgelastet sei. Sie sollten Intelligenzspielzeuge kaufen und diese mit ihm regelmäßig, also mehrmals am Tag, spielen. Und sie sollten mit Saturn Futtersuchspiele machen. Dazu verkaufte man ihnen noch ein entsprechendes Gemisch an Bachblüten. Sie setzten alles um. In den kommenden Gruppenstunden fragten sie die Trainerin auch immer wieder, ob sie es genau so richtig machen würden. Sie bestätigte dies. Aber außer, dass Saturn von der Futtersucherei und dem Futter aus den Intelligenzspielzeugen immer dicker wurde, veränderte sich sein Verhalten nicht. Aufgrund des mittlerweile noch größeren Übergewichtes wurde sein Verhalten schon ruhiger, aber das konnte doch nicht Sinn der Sache sein, oder doch? Nach 6 Wochen brachen sie auch dies ab.

Und sie suchten die nächste Hundeschule auf. Hier war wieder Einzeltraining angesagt. Als erstes wurde dem Hund beigebracht, wie man ein Halti trägt. Ich selber habe mich dabei in dem Moment gefragt, was man dem Hund da beibringen soll? Das ist doch ungefähr so, als wenn ich einem Menschen beibringe, einen Ring am Finger zu tragen. Aber es muss wohl unbedingt kompliziert sein, ansonsten scheint es nichts zu taugen. Dazu wurde ein spezielles Geschirr für Saturn gekauft, das er auch noch trug, als wir ihn bei uns kennenlernten. Ein Duftzerstäuber wanderte ebenso in die Einkaufstasche. Dieser Duftzerstäuber sollte den Geruch eines alten Hundes verströmen, damit Saturn das Gefühl hätte, ein erfahrener Althund wäre in seiner Nähe, dies würde ihm Sicherheit geben, genauso wie das Geschirr und das Halti. Denn Saturn sei ein sehr unsicherer Hund. Das Ergebnis war, dass die Wohnung von Lars und Frank ab sofort nach einem alten, ungewaschenen und unkastrierten Rüden stank und Hundebegegnungen noch stressiger wurden. Durch das Geschirr konnte Saturn seine Kraft noch besser einsetzen, als bislang am Halsband.

Und nun, nun saßen die beiden bei uns. Bevor sie viel Geld im Unterricht bei uns investierten, wollten sie uns gerne erst kennenlernen und einmal unsere Sicht der Dinge erfahren. Ich schenkte ihnen noch einen Kaffee ein, und wir sprachen mit den beiden noch ein wenig. Speziell fragten wir die beiden nach ihrem Tagesablauf im Zusammenhang mit Saturn. Und damit war die Ursache für das Verhalten von Saturn auch schon gefunden.

Wir setzten Lars auf das Fahrrad, drückten ihm die Leine von Saturn in die Hand, sagten ihm, dass er nach vorne schauen, einfach fahren und Spaß haben solle. Das Wetter solle er ignorieren, was sicherlich die schwierigere Aufgabe war. Lars fuhr los. Saturn lief mit.

Saturn fehlte schlicht und ergreifend Bewegung in seinem Tagesablauf. Das war alles. Wir gaben den beiden den Rat, mit Saturn jeden Tag Fahrrad zu fahren und ansonsten einfach Spaß zu haben. Wenn Saturn körperlich ausgeglichen sei, dann würde er sich auch in Hundebegegnungen nicht mehr so aufführen wie bislang.

Und diesen Rat gaben wir ihnen im Rahmen des kostenlosen Vorgesprächs umsonst. Sie sollten sich bitte nach ein, zwei Wochen melden. Wenn sich dann das Verhalten von Saturn nicht verändert habe, dann musste es noch eine andere Ursache geben, und die würden wir dann suchen und finden. Aber nur für die Behebung der Ursache der mangelnden Bewegung, dafür bedürfe es keines Wochenseminares.

Es vergingen keine zwei Wochen, sondern nur 8 Tage, dann meldeten sich die beiden bei uns. Glücklich und fröhlich, denn Hundebegegnungen mit Saturn waren kein Problem mehr. Wenn ihnen nun ein Hund entgegen kam, ging Saturn genauso brav an ihrer Seite, als wenn dieser Hund nicht zu sehen wäre. Genauso, wie sie sich das gewünscht und vorgestellt hatten.

Ja, manchmal kann es so einfach sein.

WO UNSERE GRENZEN LIEGEN

Markus, begleitet von seiner Frau, war mit seinen zwei Schäferhunden bei uns auf dem Pfoten-Pfad. Es ging dabei hauptsächlich um den jüngeren der beiden Schäferhunde. Aika hieß diese junge Hündin. Sie hatte eine große Karriere vor sich und war durchgeplant als Zuchthündin. Sie wurde bei einem vermeintlich seriösen Züchter gekauft. Zwar fehlte ihr Impfpass, aber wer braucht sowas schon? Oder einen Heimtierausweis. Das sind doch unnütze Dinge, genauso wie eine Ahnentafel. Das wusste Markus, arbeitete er doch in einer Behörde des öffentlichen Dienstes. Der Versuch, an die Ahnentafel von Aika zu gelangen, schlug fehl, da die Telefonnummer, die Markus bekommen hatte, leider nicht belegt war. So, wie es eben von einem „seriösen" Züchter zu erwarten war.

Aika zu beschreiben gelingt im Grunde genommen mit einem einzigen Wort: durchgeknallt. Und das war nicht übertrieben.

Sie war voller Energie und ging, sobald es die Situation hergab, sofort attackierend und bellend nach vorne. Sie ließ keinen Zweifel daran, dass sie meinte, was sie zeigte. Sie nutzte jede kleine Gelegenheit, sich zu bewegen. Dieser Hund war im Kopf nicht gesund. Selbst die sonst typischen Symptome für einen nicht ausgelasteten Hund waren hier nicht gegeben. Und bei diesem Hund kam man auch mit viel Liebe, Geduld und Ruhe nicht weiter, denn er war sofort überfordert, sobald es mehr als einen Reiz gab. Mit einem Reiz alleine konnte Aika noch umgehen, mit zwei verschiedenen Reizen nicht mehr. Regen war beispielsweise ein Problem wegen zwei verschiedener Reize: Einerseits das Geräusch der Tropfen, die auf ein Dach prasseln und andererseits der Anblick des fallenden Regens. Dies führte dazu, dass Aika anfing, die Regentropfen zu jagen. Man konnte sie dann auch nicht mehr bändigen oder ihr auf andere Art beikommen. Ein Vogel am Himmel, egal, in welcher Höhe, war Aika gleichgültig, aber zwei Vögel, sogar einige hundert Meter über ihr, reichten, dass Aika alles daran setzte, sie irgendwie in der Luft zu fangen. Aika rannte ihnen hinterher und sprang dabei permanent in die Luft. Sie war dann über irgendwelche Kommandos oder Signale nicht mehr zu erreichen. Und so war das Ende vom Lied manches Mal, dass Aika wegrannte und dann nach einigen Tagen im Tierheim wieder abgeholt werden konnte. Ein Kind, ob es still saß oder sich bewegte, wurde nicht beachtet. Fing es aber auch noch an zu schreien, dann wurde dieses Kind entsprechend attackiert. Ein stillstehendes Pferd stellte kein Problem dar. Wenn es sich jedoch bewegte, und man die Geräusche der Hufe hörte, wurde es schwierig. Wenn ein Pferd weiter entfernt war, sodass seine Geräusche nicht wahrzunehmen waren, konnte es sich auch schnell bewegen; das machte nichts, genauso, wenn es fast lautlos über Sandboden lief. Lief das Pferd aber zum Beispiel über Pflaster, dann war es mit Aikas Ruhe vorbei. Imitierte dann wiederum jemand mit einem Hufschuh dieses Geräusch, war wieder alles gut - es sei denn, man bewegte sich zu schnell dabei. Gleiches galt für Ziegen und Schafe. Ein Kinderwagen, der von der Mutter geschoben wurde, brachte Aika nicht aus der Ruhe. Doch wenn zum Beispiel das zu laute Geräusch der Räder dazu kam, wurde es wieder kritisch. Weder der geschobene Kinderwagen noch die lauten Geräusche alleine reizten Aika, es ging um das Zusammentreffen beider Sinneseindrücke. Und da konnte es auch schon mal passieren, dass der Kinderwagen aus vollem Lauf angesprungen wurde und umkippte, sodass das Kleinkind auf die die Straße fiel. Wie gefährlich das sein kann, muss hier nicht weiter erörtert werden... Das einzelne Kommando „Sitz!", oder etwas Futter in der Hand - problemlos. Aber sobald beides gleichzeitig passierte, sprang Aika sofort den Menschen an, so dass dieser schlimmstenfalls hinfiel.

Markus und seine Frau machten, wenn überhaupt, nur halbherzig mit. Das war ihnen zu anstrengend. „Wofür eigentlich?", fragten sie sich. Aika sollte ja eigentlich nur ruhig sein und Welpen gebären. Die Frage nach dem „Wofür" konnten wir ihnen auch nicht beantworten, denn es war ja ihr Wunsch, mit uns zu arbeiten. Unsere Zielsetzung war, dass Aika ruhiger wurde, gesitteter an der Leine ging und so weiter. Um aber solche Ziele erreichen zu können, ist die Mitarbeit der Halter, also der dazugehörigen Menschen, nun mal unverzichtbar. Und in diesem Fall lag es an der grundsätzlichen Einstellung der Halter, nicht an Aika, denn die war durchaus in der Lage, vernünftig zu gehen oder zu sitzen. Wenn auch nur für kurze Zeit. Und damit meine ich deutlich weniger als eine Minute.

Was kann die Ursache für ein solches Verhalten des Hundes sein? Reizarmes Aufwachsen ist eine Möglichkeit. Das konnten wir jedoch nicht herausfinden, denn ihre Vergangenheit war nicht zu rekonstruieren, allenfalls konnten wir etwas vermuten, mehr aber auch nicht. Und selbst bei einem reizarmen Aufwachsen sind in der Regel die Symptome anders und vor allem nicht so heftig. Reizarmes Aufwachsen führt in den meisten Fällen zu Unsicherheit oder gar Ängstlichkeit des Hundes, aber nur selten zu Aggressivität. Ein anderer Grund könnte eine Krankheit sein, womöglich ein Defekt im Gehirn? Das ließe sich nur durch aufwendige und teure Untersuchungen herausfinden. Und damit waren wir wieder bei Markus und seiner Frau, denn Aika war ihnen das nicht wert. Eigentlich sollte sie nur Welpen bekommen, da passen solche Ausgaben nicht in die Vorstellungen. Zudem könnte sich dann auch noch herausstellen, dass es sich um etwas Vererbbares handelt. Das wäre dann richtig dumm gelaufen. Aika sollte, wie gesagt, nur etwas ruhiger werden, aber das erreichte man zur Not auch mit entsprechenden Medikamenten, was ohnehin günstiger wäre. Markus war nicht gewillt, mehr Geld als nötig in Aika zu investieren.

Für die Halter war Aikas Karriere als Zuchthündin beschlossene Sache, nichts anderes, und das auch noch mit möglichst minimalem Aufwand. So endete an diesem Punkt die Zusammenarbeit.

Etwa ein Jahr später sah ich Aika zufällig auf einem Bauernhof wieder, bei neuen Besitzern. Dort gab es viele Tiere, wie Schafe, Pferde, Hühner und so weiter. Ich war aus einem völlig anderen Grund dort zugegen, der nichts mit Aika zu tun hatte. Einen neuen Namen hatte sie auch: Luna hieß sie jetzt. Sie wurde ihnen verkauft, als ruhige und liebevolle Hündin, die gut mit anderen Tieren auskommt. Doch, so erzählten mir die neuen Besitzer, traf das alles nicht zu. Sie legte noch immer das schon beschriebene Verhalten an den Tag. Mit ein paar zusammentreffenden Reizen war Luna - alias Aika - sofort überfordert. Deswegen lebte sie in ihrem neuen Zuhause hauptsächlich entweder in einem Zwinger oder an der Kette, weil sie ja nach wie vor alles jagte. Ich berichtete den neuen Haltern von meinen Erlebnissen mit Aika und den vorigen Haltern, und sie schlugen sprichwörtlich die Hände über dem Kopf zusammen. Sie hatten bei all der Arbeit auf dem Hof keine Zeit, sich intensiver um den Hund zu kümmern. Deswegen hatten sie bewusst einen Hund gesucht, der ruhig und liebevoll sein sollte. Man kann es ihnen nicht zum Vorwurf machen, sie wurden von den Vorbesitzern offensichtlich ganz bewusst getäuscht. Einige Zeit später wurde Aika dann im Tierheim abgegeben. Ich kann es den neuen Haltern nicht verdenken. Was dann aus ihr wurde, das weiß ich nicht.

VERZWEIFLUNGSBEISSER

Das Gehirn kann nicht unterscheiden zwischen Realität und dem, was wir uns vorstellen.

Es gibt nicht nur Angstbeißer, sondern auch Hunde, die aus Verzweiflung beißen. Zum Beispiel aus Verzweiflung über seinen Menschen. Was soll er auch machen, er hat sich die Menschen nicht ausgesucht, das waren immer und ausnahmslos die Menschen, die sich genau diesen Hund aussuchten und die Entscheidung trafen, ihn bei sich aufzunehmen. Diego war so ein Hund, der an seinem Dieter verzweifelte. Und wenn man verzweifelt ist, dann ergreift man entsprechende Maßnahmen, um sich Luft und Gehör zu verschaffen.

An einem sonnigen Spätsommertag, das Laub verfärbte sich bereits, fuhr Dieter mit seinen beiden Hunden zu uns auf den Hof. Ich wusste im Vorfeld nicht, was mich und unsere Trainerin erwartete, ich hatte keinerlei Informationen. Am Telefon bat er nur um ein kostenloses Vorgespräch. Auf jeden Fall sollte es um einen Hund gehen. Nachdem Dieter mit seinem blaugrauen SUV eingeparkt hatte, stieg er aus und wir begrüßten uns. Er war Mitte 40 bis 50, sein Äußeres aufgeräumt, genauso wie sein Fahrzeuginneres. Er war jemand, der es gewohnt war, dass man tat, was er sagte, so jedenfalls deutete ich sein Auftreten uns gegenüber. Wir konnten also davon ausgehen, dass er Bedienstete hatte. Er war andererseits jemand, der für die Dinge des Lebens etwas länger brauchte, als andere Menschen, wie wir schnell beobachten konnten. Man konnte ihn auch leicht dazu bringen, etwas fahrig zu werden, wenn etwas nicht sofort nach seinen Vorstellungen funktionierte. Und er redete schnell, nicht vor Aufregung, sondern weil er auch schnell denken konnte. Beides sprach aus unserer Sicht dafür, dass seine Lebensgefährtin das Geld nach Hause brachte, sagte aber nichts über seine Intelligenz an sich. Menschen gehen aber gerne davon aus, dass schnelles Denken etwas mit dem IQ zu tun hat. Und erfolgreiche Unternehmer haben gerne Frauen an ihrer Seite, die zwar ein ansprechendes Auftreten haben und intelligent wirken, aber ihnen selbst nicht das Wasser reichen und so nicht zur Konkurrenz werden können. War das wichtig im Zusammenhang mit dem Grund, warum Dieter bei uns war, den Hunden? Möglich, aber man konnte zu diesem frühen Zeitpunkt noch nicht ahnen, welche Informationen später von Bedeutung waren. Es schadet jedenfalls nie, möglichst viel über seine Kunden zu wissen. Ich kann vorwegnehmen, dass Dieter mir später seine Visitenkarte überreichte, die ihn als Gatte einer selbstständigen Unternehmensberaterin zeigte, mit drei Filialen, über Deutschland verteilt.

Ich bat ihn, seine beiden Hunde zu nehmen, damit wir auf den hinteren Hundeplatz gehen konnten. Er ging zur Beifahrertür und öffnete sie. Mit einer blitzschnellen Handbewegung griff er nach der Leine des kleineren Hundes. Dieser war nur minimal größer als ein Jack-Russel-Terrier, schwarz mit braunem Bauch, der Kopf ähnelte dem eines Chihuahuas. Er sprang sofort unaufgefordert heraus und schoss direkt in meine Richtung, wobei er wild kläffte, knurrte und seine Zähne offensiv zeigte. Mit einem schnellen Schritt wich ich aus, denn er fing an, nach meinen Füßen und nach meiner Hose zu schnappen. So stand er da: Erhobener Kopf, aufgerichtete Ohren, nach oben gestreckter, steifer Schwanz, nur gehalten von der Leine. Er kläffte und knurrte alle Umstehenden an, wobei er seine weißen Zähne zeigte. Unwillkürlich musste ich in diesem Moment an Piranhas denken, so stellte sich mir das Szenario dar. Ich machte eine kurze Bemerkung dazu: „Das muss ja ein ziemlich selbstbewusster Kerl sein, wenn er hier ein solches Auftreten an den Tag legt." Dieter antwortete mit einem leicht verlegenen Lächeln, dass dieser Hund nicht das Problem sei, sondern der andere. Dieser Kleine hier sei Diego. Er sei wegen Basti hier, dem anderen Hund, der noch im Kofferraum saß. Auf mein Nachfragen hin betonte er, dass die beiden mit anderen Hunden sehr gut auskommen würden. Ich bat ihn, Basti aus dem Kofferraum zu holen, um dann gemeinsam mit unseren Hunden auf den hinteren Platz zu gehen. Er öffnete den Kofferraum und wir sahen Basti, einen hellbraunen Schäferhundmix, sitzend an die Rückwand der hinteren Sitze gelehnt. Dieter leinte Basti an und erklärte mir, dass Diego eigentlich gar nicht mit sollte. Er wäre ja nicht das Problem, er sei ein ganz Lieber. Aber im Auto wäre es wohl auch zu heiß, deswegen wollte er ihn dann doch lieber mitnehmen. Ich weiß nicht mehr, wie die aktuellen Temperaturen waren, aber wir alle trugen Sweat-Shirts, also so warm konnte es nicht sein. Zudem parkte er genau unter unserer großen und voll belaubten Kastanie, also im direkten Schatten. Und ich denke nicht, dass es dem Hund zu warm geworden wäre im Schatten der Kastanie, bei geöffnetem Fenster. Aber, wie auch immer, er nahm auch Diego mit. Basti rief er mit einem leisen Kommando aus dem Auto heraus und leinte ihn an. Dieser schaute sich neugierig um. Er hatte ein freundliches Auftreten, aber wenn er sich uns näherte, dann nur in leicht devoter Haltung. Dieter hielt nun in jeder Hand einen Hund an der Leine. Der eine zog nach links, der andere nach vorne, dann wieder andersrum, und so folgte er uns, während beide Hunde alles markierten, was sie markieren konnten, zum Beispiel Büsche, Ecken, Autoreifen, Kotflügel, Stoßstangen der parkenden Fahrzeuge. Dabei wurde Dieter mal mehr nach links, mal ein bisschen mehr nach rechts gezogen. Es sah aus, wie bei einem Puppenspieler, bei dem die Puppen das Regiment übernommen haben. Immer wieder redete er freundlich auf die Hunde ein, immer wieder wurden sie gebeten, doch vernünftig an der Leine zu laufen. Und das mit einer hellen, piepsenden Stimme. Ich fragte Dieter, warum er mit den Hunden so anders reden würde als mit uns. Er entgegnete mir, dass er sich schließlich für seine Hunde interessant machen müsse, sonst reagieren die gar nicht. Das taten sie allerdings trotzdem nicht. Ich antwortete ihm, dass es doch eigentlich eine dumme Idee sei, sich erst für seine Hunde interessant machen zu müssen, um mit der Umwelt konkurrieren zu können. Eigentlich sollten die Hunde doch auch einfach so auf ihn reagieren und auf ihn achten. Ja, deswegen sei er ja bei mir, der Basti täte das nämlich nicht. Ich fragte ihn nochmals, ob seine Hunde mit anderen verträglich sind. Er bejahte, das sei kein Problem. Auf unserem hinteren Hundeplatz angekommen, ließen wir alle unsere Hunde laufen. Dieter erzählte uns von seinen Hunden, während wir eine Tasse Kaffee tranken. Er berichtete, dass Basti ja gar nicht auf ihn achten würde. Diego kläffte unentwegt. Er hörte nicht auf, egal was Dieter tat. Zwischenzeitlich versuchte Dieter sogar, nach ihm zu werfen, was ihm gerade vor die Finger kam. Er nahm den Wassernapf und versuchte, Diego mit dem Inhalt zu treffen, was ihm aber auch nicht gelang. Und so kläffte Diego unablässig weiter. Dieter fragte uns, was er denn in so einer Situation tun könne. Es war der typische Wunsch von Hundehaltern in solch einer Situation: Eine Gebrauchsanweisung und einen Knopf. Eine Gebrauchsanweisung dafür, was in dieser Situation zu tun sei, und einen Knopf, der im Gehirn des Hundes gedrückt werden müsste. Ich versuchte ihm zu erklären, dass Diegos Verhalten eine Ursache hätte, und es nicht viel Sinn machen würde, das Symptom, also in diesem Falle das Kläffen und Bellen, zu behandeln. Viel wichtiger wäre es, die Ursache zu suchen und dann zu beheben. Dann würde Diego von alleine aufhören zu kläffen. Er schaute mich mit großen Augen an. „Ja, aber was soll ich denn jetzt tun?" Ich sagte ihm, er könnte zum Beispiel Diego ins „Sitz" bringen. Das tat er, und nach zwei Aufforderungen setzte sich Diego auch hin. Nach knapp zehn Sekunden fing Diego an, im Sitzen zu hecheln. Dieter entließ Diego aus dem „Sitz", verließ den Platz, ohne eine weiteres Wort zu sagen, und ging zu seinem Auto. Diego bellte in der Zwischenzeit wieder munter weiter. Dieter ging zu seinem Auto, um einen Napf und Wasser zu holen. Unseren Wassernapf hatte er schließlich schon über Diego zu kippen versucht, damit der mit dem Bellen aufhörte. Und so gab er, als er auf den Platz zurückgekehrt war, Diego erst einmal etwas Wasser. „Solange er trinkt, ist der nämlich ruhig." Aber nochmal zur Erinnerung, eigentlich war Diego nicht das Sorgenkind. Ich fragte daher Dieter wieder, was denn sein Problem mit Basti sei.

Er brauche unsere Hilfe, weil Basti in letzter Zeit immer schlechter abrufbar sei, aber auch nicht allein sein mochte. Dieter wünschte sich, dass Basti wieder mehr auf ihn achten würde. Während er uns davon erzählte, liefen unsere Hunde mit seinem Diego auf dem Platz herum, auch die kleine Wolke, ein weißer Mittelspitz, der auf dem Titelbild des Buches „Der Pfoten-Pfad" prangt. Und während Dieter uns weiter von seinem Leben mit Diego und Basti berichtete, was für ein wunderbarer Hund Diego doch sei, wie lieb und ansonsten tadellos im Benehmen, bis auf diese kleinen Ausnahmen, fing Diego bei Wolke an, in der Analgegend zu schnuppern. Wolke war noch jung, ich hatte schon die ganze Zeit ein Auge auf Diego und in diesem Moment noch ein wenig mehr. Und ich sah, wie Diego bei Wolke schnupperte und - wie aus dem Nichts - in den hinteren rechten Oberschenkel von Wolke biss. Aus dem Reflex heraus, sie zu schützen, zog ich Wolke hoch. Als Außenstehender könnte man auf den ersten Blick sagen, dass das keine kluge Reaktion von mir war. Damit stimme ich zwar überein, aber meine Reaktion war in diesem Moment emotional. Ich wollte nur Wolke zu Hilfe eilen, und da denkt man nicht immer rational, sondern zieht auch mal seinen Hund aus der Gefahrenzone. Dumm in dieser Situation war eigentlich nur, dass Diego immer noch an Wolke hing. Man stelle sich vor: Ich stand dort und hielt mit beiden Händen Wolke in Höhe meiner Brust. Unter Wolke hing Diego, immer noch in Wolkes Oberschenkel verbissen. Etwa zwei Meter weiter stand wie versteinert Dieter. Ich versuchte Diego und Wolke zu trennen. Dies war sehr schwierig, da ich dazu nur eine Hand frei hatte, denn in der anderen hielt ich Wolke. Ich packte mit der einen Hand Diego und öffnete sein Maul, indem ich meine Finger durch seine Zähne schob und damit das Maul aufhebelte. Als Diego Wolke dann losließ, ließ auch ich ihn los. Und ich schnauzte ihn an, dass es ihm nicht noch einmal einfallen sollte, Wolke zu beißen. Dieter schaute mich völlig entgeistert an. Er fragte mich, was Diego denn getan hätte. Durch die Situation noch ganz erregt erklärte ich ihm, dass Diego gerade eben Wolke gebissen hatte. „Nein, das hat er nicht, sowas macht der nicht!" war die Antwort. „Das hätte ich doch gesehen! Nein, das glaube ich nicht, das stimmt nicht, das glaube ich nicht!" sagte Dieter immer wieder. Und er blieb dabei: Sein Diego würde niemanden beißen. Das hat er noch nie gemacht. Und Dieter ging zur Tagesordnung über. Es konnte ja auch nicht sein, was nicht sein durfte.

Dieter arbeitete nicht weiter mit uns. Den nächsten abgesprochenen Termin nahm er nicht wahr, er erschien einfach nicht.

DIE BANDBREITE MÄNNLICHEN HANDELNS, VON EINEM EXTREM...

TEURES FUTTER

Vor vielen Jahren kam Michael zu uns auf den Hof gefahren. Er kam öfters zu uns, um Futter für seine Dogge zu kaufen. Doch diesmal war etwas anders. Er hatte ein nagelneues Auto, einen schwarzen BMW-Geländewagen. Heute würde man das wohl SUV nennen. Es war ein schickes Auto, ich mochte es leiden. Und Michael begann sofort, mir die Extras dieses Fahrzeugs aufzuzählen. Eher beiläufig erwähnte er, dass das Auto knapp 100.000 Euro gekostet habe, während er weiter die Liste der Extras herunter ratterte. Am Ende wies er nochmals darauf hin, dass dieses Fahrzeug um die 100.000 Euro gekostet hatte. Es war zweifellos ein tolles Auto, und da ich selber auch BMW-Fan bin, brauchte ich meine Bewunderung auch nicht vorzutäuschen. Ich persönlich mag jedoch diese Geländewagen oder SUV nicht, aber das ist nun mal eine Frage des Geschmacks. Ich bevorzuge Kombis, bei BMW auch Touring genannt. Nachdem Michael dann endlich alle Vorzüge seines neuen Autos gepriesen hatte, sagte er folgenden Satz zu mir: „Das Auto war dermaßen teuer, ich brauche jetzt ein billiges Hundefutter. Hast du nicht etwas Günstigeres, als das, was du mir sonst immer verkaufst?"

War das nun typisch männlich? Von einer Frau jedenfalls hatte ich in all den Jahrzehnten nichts Vergleichbares erlebt.

„DU SCHWULE SAU!"

Aufgrund unseres Vorstellungsvermögens kreiert jeder von uns seine eigene Welt. Manche Menschen basteln sich in ihrem Gehirn sehr kleine Welten zurecht, bei anderen Menschen sind sie dagegen sehr groß.

Ein Mann kam zu mir, um mir seinen Hund vorzustellen. Der Mann war groß und kräftig gebaut, sein Hund auch. Die Muskulatur des Mannes ließ auf regelmäßige Betätigung im Kraftsport schließen, und scheinbar trainierte er seinen Hund ebenso. Sein Gang hatte so ein wenig etwas von dem Klischee mit den „Rasierklingen unter den Armen". Er trug ein schwarzes Sweatshirt mit weißer Aufschrift: „Amstaff", die Abkürzung für American Stafford, dazu eine graue Jogginghose und schwarz-weiße Adidas-Turnschuhe. Man kann durchaus sagen, dass er, dem warmen Wetter entsprechend, locker und luftig gekleidet war.

Ich weiß, dass jeder seinen eigenen Hund ganz toll findet, und das soll auch so sein. Wäre das nicht so, dann würde irgendetwas nicht stimmen. Ich weiß aus Erfahrung durch meine Arbeit auch, dass die Kunden mir ihren Hund oft überschwänglich beschreiben, doch in diesem Fall war das deutlich anders, denn der Mann prahlte regelrecht mit seinem American Stafford. Man konnte schon den Eindruck haben, dass er sich das Selbstbewusstsein „über den Zahn des Hundes" holte.

Meine Frage, ob sein Hund problematisch im Umgang mit anderen Hunden sei, verneinte er. So holte ich Brenda auf den Hundeplatz, um zu sehen, wie sich der American Stafford zu anderen Hunden verhielt. Und er war offensichtlich ein Charmeur. Vorsichtig näherte er sich Brenda, Rute und Kopf erhoben, um zu zeigen, was für ein toller Hecht er doch sei. Aber er war dann doch vorsichtig genug, um Brenda nicht zu bedrängen. Vorsichtig wandte er sich an ihre Analgegend, um dort zu schnuppern und sie kennenzulernen. Und dann rannten beide drei, vier Mal den Hundeplatz rauf und runter.

Der Mann berichtete mir dabei unentwegt weiter von seinem Hund, den er offensichtlich für sehr erstaunlich hielt. Sein Wagemut, sein Draufgängertum und seine Selbstsicherheit seien wohl kaum zu übertreffen.

Nach einigen Runden über den Platz kam Brenda wieder in meine Richtung und blieb ein paar Meter von mir entfernt stehen. Der American Stafford nutzte sofort die Gelegenheit, stellte sich hinter Brenda, und mit einem Satz begann er bei ihr aufzureiten. Er wollte also kopulieren. In nur Bruchteilen von Sekunden errötete das Gesicht des Mannes. Er schrie und rannte zu seinem Hund. Einen Schritt vor ihm stoppte er abrupt, holte mit seinem rechten Bein aus, als wolle er einen Elfmeter ins Tor schießen, und zog voll durch. Doch statt eines Balles war da sein Hund. Er traf ihn mit voller Wucht in die Flanke und schrie ihn dabei an: „du scheiß-schwule Sau! Benimm dich wie ein Mann! Schwuchtel! Arschloch!" Er versuchte ihn ein zweites Mal zu treten, doch sein Amstaff war wendiger und wich dem Tritt aus. Noch vor Wut schnaubend drehte er sich zu mir um und schrie nun mich an: „Siehst du diese schwule Sau? Mach was, dass das aufhört, das ist doch peinlich!" „Mein Hund ist eine Hündin" entgegnete ich knapp. Der Mann stutzte. Damit hatte er nicht gerechnet. Doch dann fing er sich wieder. „Was bist du denn für einer? Nicht mal einen anständigen Rüden hast du? Da ist ja klar, dass du zu nichts taugst."

In seiner kleinen Welt konnte er sich nicht vorstellen, dass ein Mann eine Hündin hat und keinen Rüden. Er nahm seinen Hund und verschwand. Ich hörte nie wieder von ihm. Meine Welt war wohl zu groß für ihn.

WENN DIE FRAU PLÖTZLICH SELBSTBEWUSST WIRD

Wer intensiver mit uns arbeitet, der erlebt Veränderungen, und zwar zuerst an sich selbst. Ich kann heute nicht mehr nachvollziehen, wie viele Frauen zu uns gekommen sind und gelernt haben, „Nein" zu sagen und dadurch an Selbstachtung gewonnen haben. Die ließen sich nachher nicht mehr herum schubsen. Dieses Lernen war so manches Mal anstrengend für die Frauen, aber es war auch immer ihr Wunsch. Und eine solche Veränderung geht natürlich nicht spurlos an dem Umfeld dieser Frauen, beispielsweise der Familie, vorbei. Und so geschah es vor es vor einigen Jahren, dass ein Mann zu mir auf den Hof kam und mich harsch beschimpfte und beleidigte. Was war geschehen? Seine Frau hatte durch uns an Selbstachtung gewonnen, und das äußerte sich auch im Auftreten ihrem Mann gegenüber. Und man stelle sich bloß vor, diese Frau wagte es auf einmal, ihrem Mann zu widersprechen oder sogar, „nein" zu sagen als Antwort auf dessen Anweisungen. Ein solches Verhalten seiner Frau war für diesen Mann bislang unvorstellbar gewesen und war für ihn nicht hinnehmbar. Es kam in seiner Vorstellung überhaupt nicht vor, eine selbstbewusste Frau an seiner Seite zu haben. Doch das ist sie nun geworden. Und das wird sich vermutlich auch nicht mehr ändern. Und deswegen beschimpfte mich dieser Mann. Er wollte seine alte Frau von mir zurück. Das konnte ich ihm natürlich nicht geben, denn das Pflänzchen der Selbstachtung, das aus unserer Saat gesprossen ist, führte bereits dazu, dass es zu einer starken Pflanze des Selbstbewusstseins wurde.

Und wenn du dich mal klein, beleidigt und depressiv fühlst, denke immer daran: du warst einmal das schnellste und erfolgreichste Spermium deiner Gruppe!

WENN MÄNNER AUTODIDAKTISCH LERNEN WOLLEN

Attila war ein Prachtexemplar von einem Schäferhund und befand sich mit drei Jahren im besten Alter. Und für die Anatomie eines Schäferhundes konnte er sich sehr geschmeidig bewegen. Zu Attila gehörte Jan. Dass es auch umgekehrt sein könnte, auf die Idee kam Attila nicht. Und Jan war so ein Typ von Mensch, der eine gewisse Lockerheit an den Tag legte. Bevor er etwas begann, musste er erst mal eine rauchen, „einen Plan machen", wie er das gerne nannte. Er lebte auf einem großen Hof und hatte dort jede Menge Tiere: Hühner, Schafe, Esel und so weiter - und er hatte dort eben Attila. Und Attila hatte ihn. Der Hund lief die meiste Zeit von morgens bis abends auf dem Hof herum, an sich kein schlechtes Leben für einen Schäferhund. Und auch ansonsten hatte Attila es gut. Während sich Jan einen Überblick verschaffte und „einen Plan machte", mit anderen Worten also eine rauchte, erzählte er mir davon, wie Attila so den Tag verbringt und wie er so lebt. Und während Jan rauchte und mit mir sprach, wartete ich darauf, dass er mir den Grund nannte, warum er eigentlich mit Atilla bei mir war. Denn irgendeinen Sinn musste es ja haben, dass er sich von seiner eigenen Insel, von seiner eigenen kleinen Oase, wie er selber seinen Hof nannte, auf den Weg zu uns gemacht hatte. So lauschte ich weiter seinen Worten. Er schmückte seine Erzählungen noch mit Anekdoten aus seinem Leben aus, aber warum er nun mit Atilla bei mir war, das war mir immer noch nicht klar. Die ganze Zeit lief Attila über den Hundeplatz. Die letzten Minuten umkreiste er unsere Stuhlgruppe und den Unterstand, wo wir saßen. Sein Gang war wunderschön anzusehen und es war eine Freude zu betrachten, wie er sich bewegte. Ich stand auf, ging um die Stuhlgruppe herum, zu der Kiste, in der der Kaffee stand, um nachzuschenken. Nach ein paar Schritten war Attila bei mir, lief neben mir her und schaute zu mir hoch. Ich ging weiter, und verfolgte dabei aufmerksam die Erzählungen von Jan. Kurz bevor ich die Kaffeekiste erreichte, packte Attila mich an meinem linken Unterschenkel. Ich spürte deutlich die Zähne, wie sie durch meine Jeanshose in den Muskel drangen. Ich war so dermaßen überrascht, dass meine erste Reaktion ein natürlicher Reflex war: Ich trat zu. Dieser asoziale Macho Attila biss also ohne Vorwarnung andere Menschen und, wie ich später noch erfuhr, auch andere Hunde. Dass ich zutrat, überraschte Attila so sehr, dass er meinen Unterschenkel los ließ. Aber nur für eine Sekunde. Ich hatte nicht mal Zeit, die Jeanshose hochzuheben, um nach der Wunde zu sehen, da biss er nochmals zu. Wieder in den Unterschenkel. Und dies brachte mich zu Fall. Ich spürte nicht nur, wie ich hinfiel, sondern auch, wie sich seine Eckzähne in meinen Unterschenkel bohrten. Ich griff mit meinen Händen an Attilas Kopf, um ihn dazu zu bringen, seinen Biss zu lösen und meinen Unterschenkel aus seinem Maul heraus zu lassen. Doch Attila sah das gar nicht ein und versuchte noch, mich vom Ort des Geschehens weg zu schleifen. Mit meiner Faust hämmerte ich auf den Schädel des Schäferhundes, was ihn aber nicht weiter störte. Ich griff mit beiden Händen an die Schere seines Kiefers, doch das kannte Attila offensichtlich schon, das hatten schon andere mit ihm versucht, denn er reagierte entsprechend. Noch hing mein Unterschenkel in seinem Maul und seine Eckzähne steckten tief in meinem Muskel. In einer solchen Situation hatte es sich schon oft sehr bewährt, einen Finger in den Po des Hundes zu stecken. Dies führt in den allermeisten Fällen sofort dazu, dass ein Hund, der sich verbissen hat, schnell loslässt. Doch an seinen Po kam ich nicht heran. Zwischendurch versucht Attila immer wieder, mich vom Ort des Kampfes ein Stück wegzuziehen. Ich hämmerte nochmals kurz auf seinen Schädel ein und schlug ihm dann mit aller Kraft auf die Nase. Dies überraschte ihn für einen kurzen Moment und er ließ los. Ich konnte mich aufrichten und mich ihm entgegenstellen. Doch Attila hatte gar kein Interesse mehr daran, sich mit mir auseinanderzusetzen. Er musste selber erst das Geschehene verarbeiten, das war offensichtlich. Dann schaute ich Jan an und fragte ihn, warum er mir eben nicht geholfen hatte und warum er mich überhaupt nicht vorgewarnt hatte, dass sein Hund beißt. Er erwiderte, dass er hierhergekommen sei, um mal zu sehen, wie ein Profi damit umgeht, wenn Attila jemanden beißt. Jan wollte daraus lernen, wie man Attila möglichst effektiv dazu bringt, von seinen Opfern abzulassen.

WENN DAS ZIRKUSKUNSTSTÜCKCHEN ZUM RITUAL WIRD

Ich traf einen Mann, der mir stolz berichtete, dass er seinem Hund alles aus dem Maul nehmen könne, was er geklaut oder aufgenommen hätte. Taschentücher zum Beispiel oder Socken, weggeworfene Döner oder alle Arten von Fäkalien. Selbst das Butterbrot, das der Hund seinem Herrchen beim Frühstück aus der Hand gemopst hatte, würde er sofort auf Kommando loslassen und abgeben. Er war in einer guten Hundeschule gewesen, dort hätte man ihm das beigebracht. Der Trainer wäre sehr stolz auf Hund und Herrchen.

Nun, ob der Trainer tatsächlich stolz war, vermag ich natürlich nicht zu beurteilen. Ich sah jedoch ein irritiertes, überraschtes Gesicht, als ich ihn fragte, ob es nicht einfacher und für die Lebensqualität schöner gewesen wäre, dem Hund beizubringen, nicht alles ins Maul zu nehmen? Dann müsste man ihm auch nicht alles wieder abknöpfen!

AUF WAS FÜR DUMME IDEEN MÄNNER KOMMEN

Rudi war ein Dackel, dem ein Mann das Kommando „Katze" beibrachte. Auf dieses Kommando hin sollte Rudi eine Katze suchen und jagen. Er fing dann an, kreuz und quer zu suchen, herum zu hüpfen oder im Kreis zu springen, um eine Katze zu suchen, die er jagen konnte. Der Mann wollte mir dies auf unserem Hundeplatz mit dem Hinweis demonstrieren, dass alle die Katzen von Glück reden könnten, die nicht hier sondern woanders unterwegs waren.

Das Ende vom Lied war, dass dieses Kommando einmal draußen im Wald gegeben wurde, und Rudi losrannte, um die nächste Katze zu jagen. Er suchte in einer Art „Schachbrettformat" das Gelände ab und verschwand irgendwann im Unterholz. Und das war das letzte Mal, dass Rudi gesichtet wurde. Das erfuhr ich einige Wochen nach dieser Vorführung, als dasselbe Herrchen sich mit einem neuen Rudi zur Welpengruppe anmeldete.

PFERDEFUSSBALL

Eine Frau meldete sich bei mir am Telefon und erzählte von den Problemen, die sie mit ihrem jungen Pitbull hatte. Der war knapp ein Jahr alt, zog aber schon fürchterlich an der Leine und kam auf Zuruf überhaupt nicht zurück. So war auch ein Freilauf ohne Leine nicht möglich. Ich lud sie zu einem kostenlosen Vorgespräch ein, und sie nahm dankend an.

So fuhr sie einige Tage später mit dem Hund und der gesamten Familie bei uns vor. Wir gingen auf den Hundeplatz, setzten uns und tranken Kaffee, während der Hund im Auto blieb. Die Frau erzählte mir nochmals von ihrem Anliegen, während ihr Mann immer wieder betonte, dass das alles überhaupt nicht schlimm wäre und er solche Probleme nicht hätte. Auf ihn würde der Hund hören und seine Frau und seine Tochter sollten sich einfach mal ein bisschen mehr zusammenreißen. Er meinte, der Hund würde von den beiden viel zu sehr verhätschelt, und so würde das nie was werden. „Ein Hund braucht Strenge, Zucht und Ordnung", führte er weiter aus, blickte dann seine Frau an und sprach: „Aber bei deiner Tochter kriegst du das ja auch nicht hin." Woraufhin von der Tochter ein gequältes und langgezogenes „Paaaapaaaaa" zu hören war.

Jetzt wollte ich gerne diesen Hund sehen, um mir ein eigenes Bild machen zu können und bat die Familie, ihn zu holen. Der Mann fragte, ob er den Hund anleinen müsse. Ich entgegnete, dass das in seiner Verantwortung läge, denn schließlich sei eben die Rede davon gewesen, dass der Hund auf Zuruf nicht hört. Ich konnte das Ganze überhaupt nicht beurteilen, denn ich hatte sie alle gerade erst kennengelernt, und den Hund hatte ich auch noch nie gesehen.

Der Mann stand auf und ging zu seinem Auto, einem tiefer gelegten, silbernen Audi Avant, in dessen Kofferraum der Hund saß. Er öffnete die Heckklappe und rief den Hund heraus, leinte ihn aber nicht an, obwohl er die Leine in der Hand hielt. Nun sah er zu mir. Es war offensichtlich, dass er mir demonstrieren wollte, wie gut sein Pitbull auf ihn hörte. Doch was jetzt folgte, hatte keiner von uns geahnt: Der Pitbull lief nach links und nach rechts kreuz und quer über den Hof. Der Mann ging in unsere Richtung und rief den Hund immer wieder, was diesen aber nicht sonderlich interessierte, denn seine Kreise um den Mann herum wurden immer größer. Und dann sah der Hund die Shetland-Ponys, die gemeinsam mit einem Hengst und einem Fohlen auf der Weide standen.

Der Pitbull erstarrte für einen Moment und fixierte die Ponys. Dann rannte er so schnell er konnte mit gestrecktem Galopp zu der benachbarten Weide und schoss durch den Stromzaun zu den Ponys. Er musste jedoch alsbald feststellen, dass das keine gute Idee war.

Denn wie auf Kommando und wie einer Choreographie folgend, drehten ihm sämtliche Pferde das Hinterteil zu. Sichtlich irritiert über dieses Verhalten, stoppte der Pitbull abrupt ab und sah sich innerhalb kürzester Zeit regelrecht umzingelt von Pferdehinterteilen. Er sprang in Richtung eines der Ponys, woraufhin dieses sofort nach hinten mit den Hufen ausschlug. Der Pitbull wurde getroffen und flog durch die Luft und landete beim nächsten Pony. Und kaum hatte er den Boden berührt, traf ihn schon wieder ein Huf, und er hob ein weiteres Mal ab. Der Mann, seine Frau und auch seine Tochter fingen an zu schreien, wobei sie hektisch gestikulierten. Ich blieb still, denn ich wusste, dass das jetzt sinnlos war. Sie riefen nach ihrem Hund, weil er zu ihnen kommen sollte und waren verständlicherweise auch in Panik geraten wegen möglicher Verletzungen. Währenddessen landete der Pitbull vor den Hufen des Hengstes, und auch dieser kickte ihn zum nächsten Pony. Ich übertreibe nicht, wenn ich sage, dass es den Anschein hatte, dass sich die Pferde den Hund gegenseitig zuspielten wie Kinder den Ball auf einem Bolzplatz.

Es waren mindestens zehn Tritte, die dieser Hund von den Ponys abbekam, wenn nicht zwanzig. Mittlerweile hatten die Ponys aber keine Lust mehr und liefen auseinander. Und der Pitbull stand völlig verdattert und irritiert auf der Weide. Nun hörte er seine Familie rufen und trottete unter dem elektrischen Zaun hindurch dorthin, wobei er sich noch einen kleinen Stromschlag abholte. Bei seinen Leuten herrschte eine Mischung vor aus Wut, Frust, Erleichterung und Freude. Und um es vorwegzunehmen: Der Pitbull hatte all das ohne Knochenbrüche überstanden. Er hatte zwar einige blaue Flecke, das war aber auch alles.

Die Ursache, warum der Hund nicht gehorchte, war mit diesem Szenario bereits gefunden. Ich erklärte es dem Herrchen, aber er wollte es nicht hören, denn es passte nicht in sein Selbstbildnis.

Ich hörte nichts mehr von ihnen, erfuhr aber von einem anderen Hundehalter aus Bremerhaven ungefähr anderthalb Jahre später, dass dieser Pitbull noch bei dieser Familie war und sowohl Leinen- als auch Maulkorbpflicht zur Auflage hatte. Er hatte mehrere Hunde attackiert, unter anderem auch den meines Kunden vor dessen Augen, wovon er mir berichtete. Wegen der Folgen dieser Pitbull-Attacke kam er zu mir. Sein Hund hatte die Attacke weggesteckt, er selbst jedoch nicht. Ich verhalf ihm dazu, dass er Begegnungen mit anderen Hunden wieder entspannt entgegensehen konnte.

...INS ANDERE EXTREM

Und dann gab es da noch Georg, dessen Optik und Alter sehr an Jean Pütz erinnerten. Er hatte einen Dackel namens Leopold. Ein süßer, knuffiger, kleiner Kerl, das kann man nicht anders sagen. Verteilt in Leopolds Zuhause standen zwölf Körbchen. Und neben jedem Körbchen befand sich ein Wassernapf, damit Leopold nicht so weit laufen musste, um „Schlapp, Schlapp" zu machen. Mehrmals täglich wurden diese Näpfe frisch befüllt. Es sollte Leopold gut gehen. Befüllt wurden die Näpfe ausschließlich mit aufgesprudeltem Silberwasser. Und immer, wenn Leopold zu seinem Körbchen ging, stand Georg auf, um das Kissen aufzu-schütteln, bevor der kleine Dackel es erreichte. Manchmal hatte ich schon den Eindruck, dass Leopold das alles initiierte, um ein Wettrennen um den ersten Platz am Körbchen zu gewinnen. Ohne Kissenaufschütteln ging der kleine Dackel nicht in das Körbchen. Dies war nicht nur ein Ritual vor dem Zubettgehen son-dern den ganzen Tag über. Leopold hatte einen eigenen Schrank voller Leinen für jede Gelegenheit, mit Geschirren für jedes Event, Mäntelchen und Pfotenschuhe für jedes Wetter und Spielzeug für jede Gemütslage. Georg war zudem der An-sicht, sein Hund würde zu schlecht fressen. Um das zu ändern, überlegte er sich fast jeden Tag neue Tricks, um seinen kleinen Dackel zu überlisten. So nahm er zum Beispiel einen Pinsel, tunkte ihn in Leberwurst, und strich damit den Napf aus, um einen schönen, angenehmen, frischen Geruch für das Hundefutter zu bekommen. Er hatte ein Extra-Regal für verschiedene Soßen, die er bei Bedarf schnell anrühren konnte, in der Küche installiert, berichtete mir seine Frau. Georg konnte dann auswählen oder, besser gesagt, ausprobieren, welche Soße Leopold wohl heute bevorzugen würde. Und wenn der kleine Dackel von seinem frischen Rindfleisch den Kopf wegdrehte, sprang Georg auf, rannte schnell zum Supermarkt und holte ihm zum Beispiel frisches Hühnchen. Mich wunderte nicht, dass der Dackel nichts fraß. Und wenn du, lieber Leser, den Dackel gesehen hät-test, wüsstest du was ich meine. Leopold war schlicht und einfach nur übersättigt! Das konnte man daran sehen, dass er wirklich zu fett war, denn er brachte locker 30 bis 40 Prozent Übergewicht auf die Waage. Georg wusste immer genau, was sein Hund sich gleich wünschen würde. Wenn der Dackel beispielsweise im Körb-chen lag und seinen Kopf hob, so fragte Georg ihn sofort, ob er in ein anderes Körbchen wollte. Dann stand er auf und ging sogleich zu dem Körbchen, um auch dort schon mal das Kissen aufzuschütteln und die Decke zurecht zu legen. Und wenn Leopold der Ansicht war, dass Georg etwas nicht schnell oder nicht ordent-lich genug machte, verpasste er ihm sozusagen „einen Satz heiße Ohren", das heißt: Leopold biss Georg in die Hände, die Unterarme, die Füße oder auch die Unterschenkel.

Eine solche Kombination aus mangelnder Bewegung und fehlenden Grenzen kann einen Hund innerhalb weniger Tagen zum Größenwahn bringen. Wenn sich die Gedanken und damit das Handeln des Menschen nur noch um den Hund drehen, dann muss dieser sich zwangsläufig über kurz oder lang für den Mittelpunkt des Universums halten. Und entsprechend ist sein Auftreten. Das Ergebnis: ein respektloser Hund, der nur seine eigenen Interessen vertritt und verlernt hat, zum Wohle des Rudels zu denken. Nicht selten haben derartig gehaltene Hunde ein aggressives Auftreten, um ihre Interessen durchzusetzen. Dies zeigt wunderbar, dass Hunde ohne das Setzen von Grenzen trotz aller Liebe und dem Erfüllen all ihrer Bedürfnisse genauso auf eine aggressive Schiene geraten können, wie Hunde, die unter Gewalt und schwachen Menschen zu leiden haben. Beide Extreme können dazu führen, dass der Hund am Ende womöglich beißt.

Wenn du die Welt nicht mehr darin einteilst, was dein Hund mag oder nicht mag, sondern die Welt so siehst, wie sie ist, dann wird euer gemeinsames Zusammenleben einfacher.

MEIN TRAUMHUND

„Das ist Rex, mein Traumhund!" So begrüßte uns Karl aus dem Süden der Republik. Karl war Mitte 50 und ein gestandenes Mannsbild. Wie bei Männern in diesem Alter üblich, wuchsen seine Haare nur noch spärlich, diese Aufgabe hatte stattdessen der Bauch übernommen. Rex war ein sechsjähriger Schäferhund und für seine Rasse ein ausgesprochen großes Exemplar. Sein Erscheinungsbild war ausgesprochen imposant und man konnte seinen Augen ansehen, dass er schon wusste, was er wollte. So wollte er zum Beispiel nicht im Auto bleiben, wenn die Heckklappe sich öffnete. Die Klappe war kaum geöffnet, als Rex bereits heraus sprang. Karl griff zwar blitzschnell zur Leine, doch Rex zog ihn erst mal einige Meter weg. Ich bat Karl, uns zum Hundeplatz zu folgen. Der Weg dorthin führt an einer Pferdeweide vorbei. Rex zeigte Karl ganz deutlich, dass er dorthin wollte, indem er in diese Richtung zog und Karl so fast in den Stromzaun drückte. Auf dem Hundeplatz angekommen ließ Karl Rex erst mal laufen. Im Auslauf konnte sich Rex nach der langen Fahrt erst mal etwas bewegen und Karl seine Gliedmaßen strecken. Es war Herbst, der sich aber eher sommerlich zeigte, denn das Laub war schon bunt, aber es war sonnig und warm. Wir standen ohne Jacke im Auslauf und schauten Rex zu, wie er sich bewegte. Nachdem ich Karl einen Kaffee ohne Milch und Zucker eingeschüttet hatte, fragte ich ihn, was ich denn für ihn und seinen Traumhund tun könne. Und Karl begann, mir von den Problemen zu erzählen, die er mit Rex hatte. Begegnungen mit anderen Hunden waren nicht nur eine Qual, sondern auch gefährlich. Das Gleiche galt für Autos, Jogger, Fahrradfahrer und alles, was sich sonst so bewegte bis hin zu fliegenden Vögeln. Das war für alle Beteiligten gefährlich, für Karl, die anderen Hunde mit deren Begleitern und alle anderen, eigentlich die gesamte Umwelt. Karl hatte sogar schon Knochenbrüche erlitten, von diversen Schürfwunden und Prellungen ganz zu schweigen. Aber das waren nur die äußerlichen Wunden. Denn er hatte eindeutig Angst - Angst vor weiteren Verletzungen und davor, dass irgendwann einem anderen Hund oder einem anderen Menschen etwas Ähnliches widerfuhr. Nach Karls Meinung war Rex zu Hause ein ganz toller Hund, der den Anschein erweckte, nichts könne ihn aus der Ruhe bringen. Aber draußen war das anders. Ich fragte Karl, wie er sich das künftige Leben mit Rex vorstellen würde, und er schilderte mir, wie Rex zu ihm gekommen war. Dass er Rex im Tierheim gesehen hatte und ein gutes Gefühl bei ihm hatte. Das beantwortete leider nicht meine Frage, denn die war in die Zukunft gerichtet und nicht in die Vergangenheit. Und deswegen wiederholte ich meine Frage, wie Karl sich denn das Zusammenleben mit Rex in Zukunft vorstellen würde. Diesmal erzählte Karl mir davon, wie er Rex ausgesucht habe. Und er erzählte mir davon, dass er vor ein paar Monaten seinen Job für seinen Traumhund aufgegeben hatte. Meine Frage wurde also im Grunde genommen wieder nicht beantwortet. Ich musste es anders versuchen. Ich fragte ihn, was Rex denn zu seinem Traumhund machte? Und während ich das fragte, bewegte sich Rex vorsichtig und bedächtig auf mich zu. Er blieb ungefähr einen halben Meter vor mir stehen und schaute mir ganz tief in die Augen. Er fixierte mich. Und dann hörte ich ein leises, tiefes Grummeln. Es war klar, was er mir damit sagen wollte: „Um jeder Unklarheit vorzubeugen: hier habe ich das Sagen!" Und während Karl anfing zu sprechen, ich aber nur mit halbem Ohr zuhörte, testete Rex mich weiter. Ich bewegte mich, nahm meine Hände von den Armlehnen auf meinen Schoß und beugte mich leicht nach vorne. Etwas irritiert schaute er mich für einen kurzen Moment an, machte dann einen weiteren Schritt nach und ließ mich weiterhin nicht aus den Augen. Und dann wurde aus seinem Grummeln ein richtig tiefes Knurren. Ich hatte keine Lust, mich mit diesem Hund anzulegen. Das war wirklich nicht meine Aufgabe. Außerdem wusste ich immer noch nicht, ob es vielleicht sogar von Karl gewünscht war, dass Rex so reagierte. Denn Karl hatte mir immer noch nichts von seiner gemeinsamen Zukunft mit Rex verraten. Stattdessen berichtete mir Karl aus dem bisherigen Zusammenleben mit Rex. Dass sie zum Beispiel dann spazieren gingen, wenn kaum oder gar kein anderer Hund unterwegs war. Oder wo Rex gerne gekrault wurde und vor allem auch, dass Rex eine empfindliche Nase hatte, sehr intelligent war und sehr schnell lernte! Das war tatsächlich erstaunlich. (Anmerkung: Im Nachhinein kann ich sagen, dass Rex nicht intelligenter oder cleverer war oder schneller gelernt hat als die allermeisten anderen Hunde, die ich im Laufe der Jahre kennengelernt habe.)

Karl berichtete, dass sie kaum noch das Grundstück verlassen würden, zumindest tagsüber, wenn Rex sich dort aufhielt. Dort würde Karl mit ihm einige Suchspiele machen, um ihn zu beschäftigen, vor allem im Zusammenhang mit Futter. Später berichtete Karl mir dann noch, dass Rex draußen alles vom Boden fressen würde, was ihm vor die Nase kam. Kein Wunder, da er ihn mit seinen Suchspielen genau dahingehend trainierte. Ich fragte ihn, warum er nicht Fahrrad fahren würde. Aber Karl entgegnete mir, dass das wegen der anderen Hunde doch nicht gehen würde. Bei einem seiner ersten Versuche war er wegen Rex so heftig gestürzt, dass er anschließend fast zwei Wochen im Krankenhaus verbringen musste. Damit war schon mal eines klar, wir würden Karl und Rex dazu bringen, ordentlich und sicher Fahrrad zu fahren. Das geht erfahrungsgemäß viel schneller, als die Menschen sich das denken und vorstellen können. Selten brauchen wir länger als 30 Minuten, bis Mensch und Hund zusammen gemeinsam sicher Fahrrad fahren können. Ich fragte Karl erneut, wie er sich denn nun die Zukunft mit seinem Hund vorstelle. Er antwortete, dass er sich ursprünglich vorgestellt hatte, mit Rex viele Dinge zu unternehmen und ihn überall mit hinzunehmen. Er hätte auch schon damit begonnen, nachdem er mein erstes Buch gelesen hatte: „Der Pfoten-Pfad". Er könne Rex zwar nicht überall laufen lassen, aber wenigstens dabei sein könnte er ja. Und bei ihm im Schlafzimmer durfte Rex schlafen, gerne auch in seinem Bett, obwohl seine Frau das nicht so gerne mochte. Und für die Zukunft sei ihm wichtig, so ergänzte Karl, dass es Rex gut geht und es ihm an nichts mangelt. Und während Karl das sagte, schubste Rex ihn, um endlich gestreichelt zu werden. Am liebsten mochte er hinter seinem rechten Ohr gekrault werden. Als Rex davon dann genug hatte, stieß er mit einer heftigen Kopfbewegung Karls Hand weg und ging zum frisch aufgefüllten Wassernapf. Rex roch kurz daran und wandte sich dann ab. „Er mag nicht aus fremden Näpfen trinken" erklärte mir Karl knapp. „Ein Hund mit Luxusproblemen" entgegnete ich ihm. Karl schmunzelte, doch ich fand es jetzt an der Zeit, ihm deutlich zu machen, dass er wohl eine sehr exklusive Sicht der Dinge auf seinen Hund hatte, die sich mit meiner jedenfalls nicht deckte. Ich sagte ihm: "Weißt du eigentlich, dass dein Rex ein asoziales Arschloch ist?" Karl riss die Augen weit auf, und sein Kinn fiel nach unten. „Nein", sagte er sichtlich empört, „Rex ist ein fantastischer Hund!" Ich erklärte ihm nochmals meine Sicht der Dinge. Nun musste Karl erst mal einen Kaffee trinken, um das zu verdauen. Dass ich Rex so bezeichnete, passte ihm überhaupt nicht. Es war ihm anzusehen. Und wenn er nicht diese vielen hundert Kilometer zu mir zurückgelegt hätte, wäre jetzt vielleicht der Zeitpunkt gekommen, an dem er aufgestanden und gefahren wäre. Aber Karl hatte bis jetzt so viel Aufwand betrieben, für genau diesen Moment, mich kennenzulernen, dass er sitzen blieb. „Und jetzt erzähle ich dir mal, wie ich darauf komme, dass er so ein respektloser, asozialer Hund ist." Karl hielt die Kaffeetasse in der Hand, nippte kurz daran und erwartete nun meine Erklärung. „Dieser Hund schubst dich herum und demütigt dich in der Öffentlichkeit. Und mal ehrlich, Karl, du bist doch keine zwölf Jahre mehr alt, du bist ein gestandener Mann! Du weißt doch selbst, dass es nichts mehr mit Respekt und Vertrauen zu tun hat, wenn jemand deine Gesundheit in Gefahr bringt. Deinem Rex ist es doch scheißegal, ob du am anderen Ende der Leine hinfällst oder nicht, dir die Nase brichst oder nicht oder den Kopf aufschlägst oder nicht. Deine Schmerzen sind ihm wurscht und deine Ängste sind ihm egal. Das hattest du doch mit deinem Knochenbruch schon erlebt. Es war Rex doch völlig egal, dass du verletzt warst, ins Krankenhaus musstest und dort tagelang gelegen hattest. Hat er dich vermisst? Nein, nicht wahr? Wenn er etwas vermisst haben sollte, dann den Lakaien Karl, der Futter verteilt, auf Wunsch massiert und ihm alle Wünsche von den Augen abliest, aber nicht den Menschen Karl, dem man vertraut und den man akzeptiert. Und all die vielen Schürfwunden! Deine kaputten Knie vom Hinfallen, wenn er dich mal wieder wegen eines anderen Hundes umgerissen hatte! Dein permanentes Scannen der Umgebung, wie ein Radar, ob ja kein anderer Hund kommt. Das hast du dir doch alles mal ganz anders vorgestellt, aber sicherlich nicht so, wie es jetzt ist. Diese Situation kann man doch nur noch als „absoluten Mist" bezeichnen. Da brauchst du mir doch nichts zu erzählen oder um den heißen Brei herum zu reden, die Situation ist echt total verfahren für euch. Du bist bei jedem Spaziergang nur damit beschäftigt zu gucken, dass nichts passiert. Schon vor dem Losgehen hast du doch Angst, dass unterwegs etwas schiefgehen könnte und überlegst dir, wem du vielleicht wann begegnen könntest. Das hat doch mit entspanntem Leben nichts zu tun! Das hat doch mit Lebensqualität nichts zu tun! Und dass du wegen dieses asozialen Arschlochs deine Arbeit aufgegeben hast, verstehe ich noch viel weniger. Du musst dir mal überlegen, was du alles für ihn tust und was du von deinem angeblichen Traumhund dafür zurückbekommst. Und mach dir mal bewusst, welchen Riesenaufwand du betrieben hast, mit all den vorigen Hundeschulen, und jetzt mit mir, und Rex ist noch nicht einmal bereit, bei dir so vernünftig an der Leine zu gehen, dass du ohne Schulterschmerzen einen Spaziergang absolvieren kannst. Und jetzt mal ehrlich, Karl, tief in dir drin ist dir das doch auch bewusst. Du redest dir alles nur schön. Genauso ist die Geschichte, dass es ihm gut gehen soll. Natürlich soll das so sein und ihm soll es auch an nichts mangeln - aber dir auch nicht. Im Moment ist es doch so, dass du dein eigenes Leben aufgegeben hast für diesen vermeintlichen „Traumhund". Du gibst deinen Job auf, opferst deine Lebenszeit, um deinem Hund zu dienen. Entspanntes gemeinsames Leben, also eine hohe Lebensqualität, sieht doch wohl komplett anders aus. Es ist ja nicht so, dass dich irgendjemand dazu zwingen würde, dich derart aufzuopfern, auch Rex nicht. Du bist es ja selbst, der sich das auferlegt. Und es ist natürlich dein gutes Recht, dir das aufzuerlegen, wenn du es denn so willst. Aber wenn du das alles wirklich so wolltest und wenn du mit der aktuellen Situation zufrieden bist, dann hättest du doch nicht den ganzen Aufwand betrieben. Du fährst hin und zurück weit über 1.000 Kilometer, buchst mich für eine Woche und dazu noch eine Ferienwohnung, und du willst mir hier verkaufen, dass ihr alle so glücklich seid? Und ich verstehe auch nicht, warum man dir in den vorigen Hundeschulen nicht gesagt hat, dass Rex dich in aller Öffentlichkeit erniedrigt, wenn er dich umwirft oder wenn du mal wieder auf allen Vieren vor den anderen Hundehaltern herumkriechst und verzweifelt versuchst, Rex festzuhalten, wenn er andere Hunde attackieren will. Das hat überhaupt nichts mit Respekt zu tun, vor allem nicht mit gegenseitigem Respekt, wenn er dich vor den Augen anderer demütigt. Und Karl, du kannst mir doch nicht ernsthaft erzählen, dass es für dich keine Demütigung darstellt, wenn er so heftig in die Leine springt, dass du hinfällst und dich womöglich dabei verletzt. Und ich glaube auch nicht, dass es dir Freude bereitet. Du hast mir einiges aus deinem Leben berichtet: du bist ein Mann, der mit beiden Beinen fest im Leben steht. Du bist ein Mann, der sonst in seinem Leben immer weiß, was er will. Aber die absolut spannende Frage ist doch: Warum gibst du das für diesen Hund auf? Warum gibst du förmlich dein Leben auf? Warum gibst du deine Lebensqualität her? Und wenn ich hier jetzt weiter bohren würde, dann würdest du mir sicherlich bestätigen, dass du deine Freunde in den letzten Monaten und Jahren auch seltener gesehen hast, dass du weniger Besuch und weniger Anrufe bekommst und kaum noch Leute sich danach erkundigen, wie es dir geht, nicht wahr?" Karl schaute nach unten und nickte. Er sagte kein Wort. Er hielt noch immer die Tasse mit dem dampfenden Kaffee in der Hand. Ich fuhr fort. „Lieber Karl, du hast dein Leben für diesen Hund aufgegeben. Und ich bin mir sicher, dass das ursprünglich nicht dein Plan war." Karl schaute nun hoch, sah mich direkt an und sagte zu mir: „Ich wollte immer, dass es ihm gut geht, dass er mein Freund ist." Daran merkte ich, dass meine Botschaft bei Karl noch nicht ganz angekommen war. „Rex ist nicht dein Freund und wird auch nie dein Freund werden. Er kann es nicht werden, weil er nicht freiwillig bei dir ist. Du hast die Entscheidung getroffen, dass er bei dir ist und nicht er. Das ist etwas, was es in einer echten Freundschaft nicht geben würde, denn da hat jeder der Freunde immer das Recht zu gehen und für sich selbst zu entscheiden. Aber Rex kann das nicht. Unter Freunden ist es üblich, dass man sich zwar Ratschläge gibt, aber niemals Kommandos. Und du möchtest doch einfach nur mit Rex irgendwo ordentlich entlanggehen können, ganz gelöst und entspannt das Leben genießen, nicht wahr? Ein Freund könnte dir aber vielleicht sagen, dass er dazu keine Lust hat, und diese Möglichkeit hat Rex nicht. Und deswegen kann er bei dieser deiner Lebensplanung nicht dein Freund sein. Und ganz ehrlich, Rex hat auch gar kein Interesse daran, dein Freund zu sein. Er will auch nicht, dass du sein Freund bist. Er möchte vielmehr einen Plan, wie er sicher durchs Leben gelangt, aber den hast du ihm nicht gegeben, weil du dich von ihm hast erniedrigen lassen. Deswegen behandelt er dich respektlos, also genau so, wie er es im Moment macht. Führst du ihn aber sicher durchs Leben und erklärst ihm, dass deine Anweisungen seinem Wohle dienen, dann wird er dir folgen und zwar überall hin." Karl schaute mich an. Und nach einem kurzen Moment sagte er zu mir: „Dann lass uns damit loslegen!" Wir arbeiteten mit Karl und Rex. Vier Tage später ging er zwei Stunden lang mit uns und unseren Hunden durch eine benachbarte Ortschaft. Fast die ganze Zeit hing die Leine durch. Andere Hunde, andere Autos, andere Fahrräder, andere Kinderwagen, all das, was bisher problematisch war, war es nun nicht mehr. Es ging Rex nichts mehr an, er brauchte sich nicht mehr darum zu kümmern.

Hier wird ersichtlich, dass ich sage, was ich sehe und was ich denke. Vielleicht ist das nicht immer freundlich, dafür aber klar, unmissverständlich und deutlich. Das spart Zeit, viel Zeit, die ich dazu verwenden kann, meinem Gegenüber zu sagen, wer er ist und um ihn weiter zu bringen, bis hin zu seinem Ziel. Ich lasse in meinen Aussagen keinen Spielraum für Interpretationen, und ein Diplomat werde ich in meinem Leben wohl eh nicht mehr.

Ach ja, es musste noch etwas geschehen, damit Karl und Rex sicher Fahrrad fahren konnten. Wir haben Karl bewusst gemacht, was Rex mit ihm veranstaltet hatte und in Karl die Bereitschaft geweckt, sich sein Leben zurückzuholen. Mehr brauchte es nicht. Denn wo ein Wille ist, da ist ein Weg, und das Leben sowie das Umfeld werden sich fügen.

Falls du dich fragst, ob ich das nicht hätte netter sagen können, das geht natürlich auch: du bist vielleicht nicht der einzige Hundehalter, der von seinem Hund durch die Gegend gezerrt wird, dessen Hund unbedingt zu allen anderen Hunden hin will, aber von diesen bist du einer der Herausragenden!

Lieber Leser, ich hoffe, ich konnte dir unsere Arbeit rund um den Pfoten-Pfad etwas näherbringen. Wenn es dir gefallen hat und du dieses Buch gerne gelesen hast, dann empfehle das Buch weiter, zum Beispiel bei Facebook oder durch eine Rezension bei Amazon. Sollte es dir nicht gefallen haben, oder du hast noch Fragen, so darfst du mir das gerne mit einer Mail an info@pfoten-pfad.de kundtun, damit wir es spätestens in der nächsten Auflage verbessern können.

Die Beschreibung der Philosophie.
Erhältlich in allen Buchhandlungen.

ISBN: 9 783738 640540

Begegnungen auf dem Pfoten-Pfad
Teil 1 – Aus der Arbeit eines
Mentalcoaches für Hundehalter

ISBN: 9 783746 076867